CARNEGIE

卡耐基自传

CARNEGIE

（美）卡耐基◎著

文武◎译

吉林出版集团股份有限公司
全国百佳图书出版单位

图书在版编目（CIP）数据

卡耐基自传 / （美）卡耐基（Carnegie, A.）著；文武译. -- 长春：吉林出版集团股份有限公司，2012.1（2019.5重印）

ISBN 978-7-5463-6974-7

Ⅰ.①卡…　Ⅱ.①卡…　②文…　Ⅲ.①卡耐基，A.（1835～1919）—自传　Ⅳ.①K837.125.38

中国版本图书馆CIP数据核字（2011）第245368号

卡耐基自传

KANAIJI ZIZHUAN

作　　者：（美）卡耐基
译　　者：文　武
责任编辑：矫黎晗
封面设计：书心瞬意
出　　版：吉林出版集团股份有限公司
发　　行：吉林出版集团社科图书有限公司
电　　话：0431-81629725
印　　刷：北京德富泰印务有限公司
开　　本：880mm×1230mm　　1/32
字　　数：220千字
印　　张：7.5
版　　次：2012年1月第1版
印　　次：2019年5月第3次印刷
书　　号：ISBN 978-7-5463-6974-7
定　　价：32.00元

如发现印装质量问题，影响阅读，请与印刷厂联系调换。022-58708299

目录

CONTENTS

第一章　父母和童年 / 1

第二章　丹弗姆林和美国 / 12

第三章　匹兹堡和工作 / 20

第四章　安德森上校和书籍 / 27

第五章　电报公司 / 32

第六章　铁路公司 / 39

第七章　匹兹堡铁路主管 / 51

第八章　内战期间 / 62

第九章　建造大桥 / 73

第十章　炼铁厂 / 82

第十一章　纽约总部 / 94

第十二章　交易磋商 / 103

第十三章　钢的时代 / 110

第十四章　合伙人、书和旅行 / 118

第十五章　马车旅行和结婚 / 125

第十六章　工厂和工人 / 131

第十七章　荷姆斯泰德罢工 / 136

第十八章　劳工问题 / 142

第十九章　《财富的福音》 / 152

第二十章　教育和养老基金 / 162

第二十一章　和平教堂和皮坦克里夫 / 171

第二十二章　马修·阿诺德和其他人 / 182

第二十三章　英国的政治领袖 / 189

第二十四章　格莱斯顿和莫利 / 195

第二十五章　赫伯特·斯宾塞和他的信徒 / 204

第二十六章　布莱恩和哈里森 / 208

第二十七章　华盛顿外交 / 214

第二十八章　约翰·海和麦金利总统 / 219

第二十九章　会见德国皇帝 / 225

第一章 父母和童年

曾听说过这样一句话，"每个真实的自传都是有趣的"。这也是我写这篇回忆录的动力，因为我相信当我的亲友看到回忆录上的文字时，他们大概是不会太失望的。每当想到我写的这些故事至少能让了解我的一部分人感兴趣时，我就感到很欣慰，并鼓起勇气继续写下去。

我的朋友梅隆法官几年前曾经写过一本这样的书，我也有幸拜读过，正是读他的传记才坚定了我写作的信念。梅隆先生的自传不仅给朋友们带来了极大的欢乐，而且也会在他的子孙后代中间产生巨大的影响。这本书并不是为了哗众取宠，它最大的价值在于揭示了人物的特征。这让许多不了解梅隆先生的读者也能对这本书爱不释手，并且把它列入了他们最爱的书目之中。与梅隆先生写作自传的目的相似，我也只是想讲讲自己的故事，就像跟家人、朋友聊天一样，可以津津有味地谈一些不起眼的事情，可以随心所欲地说出自己的想法。

1835 年 11 月 25 日，我在一个仅有一层的小阁楼里出生了。这间简陋的小阁楼位于苏格兰的织布贸易中心——丹弗姆林的摩迪街和皮奥雷巷的拐角处。就像俗话说的那样，"我有贫穷而诚实的父母，善良的朋友"。我的祖父叫安德鲁·卡耐基，我很高兴沿用了祖父的名字；我的父亲是威廉·卡耐基，他是工厂的一名织布工人。

具有坚韧不拔精神的祖父是他们那个时代激进派的带头人，而智慧幽默、和蔼可亲的特质又让他成为了快乐社团——"提梅尔学院"的主管，因此他在当地是颇有名气的。祖父的密友经常称他为"教授"，当离开丹弗姆林 14 年的我重新回到这片热土时，我遇到了一位认识我祖父的老人。当他得知我就是"教授"的孙子后，他非常激动地朝我走了过来，用颤抖的双手抚摸着我的额头，然后用苍老而又兴奋的声音说道："上帝啊，你就是安德鲁·卡耐基的孙子！简直跟你爷爷一模一样！"从他的表情我可以看出他是那么地怀念我的祖父。

在丹弗姆林的日子里，我听到了很多有关我祖父的故事。其中的一个故事让我久久不能忘怀。那是一个新年夜，当天色暗下来之后，一个老妇人的窗户上出现了一个鬼脸，她被吓得惊叫，当她再仔细一看时，发现那是我的爷爷——安德鲁·卡耐基先生。他们告诉我，当时75岁的安德鲁·卡耐基先生会经常想出各种方法去吓唬他的那些老太太朋友们。可能是遗传了祖父的这种"乐天派"的性格，我天生就具有很强的排解烦恼的能力，正如朋友们说的那样，我也有可以把"丑小鸭变成白天鹅"的本领。我认为阳光一样的性格比财富更具价值，性格和思想并不是一成不变的，它们是可以培养的，所以说年轻人要时刻注意培养自己乐观的性格。如果我们能够具有一点点哲人的思想，并且不会为了一件错事而不停地责备自己，那么我们就会始终保持微笑，不会被烦恼纠缠。我的老友贝利·沃克就是一个这样的人，他会很坦然地承认自己在教堂里打盹的事。伯恩斯也曾说过："唯有自责才可怕。"

我的外祖父叫托马斯·莫里森，他比我的祖父更有名气，他是威廉·古伯特（《政治评论》的撰稿人）的朋友。在丹弗姆林时一位老人曾在我面前称赞外祖父的演说和领导才能。跟他的朋友威廉·古伯特一样，我的外祖父也曾经出版过刊物，刊物的名称是《先驱报》。虽然这份刊物并不能跟《政治评论》相提并论，但在当时却被称为最激进的报纸。我曾读过外祖父写的文章，大多数都是关于教育的重要性的。在他所写的那些作品中，我认为《普通装载机与手持式装载机》的一本小册子是最有价值的。这本书70多年前就出版了，文中清晰地表达出了工业技术教育会在将来社会具有深远意义的思想，所以他非常支持工业技术教育。古伯特也曾把这个小册子的结尾放进他的《政治评论》

中出版，原文是这样的："我感谢上帝，让我在年轻时就学会了做鞋、修鞋。"古伯特也曾以编辑的身份说他与我外祖父的书信是他最有价值的通信之一。我想我现在信笔涂鸦的爱好应该遗传自父母双方的两个家族。

我的外祖父是当时具有先进思想的激进派成员，而出众的演说才华和热情的性格都使我的外祖父得到了其他人的尊敬，后来他成为了激进派的头目。当我的外祖父老去之后，我的舅舅贝利·莫里森接替了他的位置。在美国，当得知我是托马斯·莫里森的外孙后，很多有名望的苏格兰人都来拜访我，他们跟我握手，并表达对我外祖父的感激之情。克利夫兰和匹兹堡铁路公司的负责人法默先生和著名的丹弗姆林历史研究家埃比尼泽·亨德森都曾说过，他们的成功得益于我外祖父当年的帮助。

听到很多感谢和赞美的话之后，我有了更高的人生追求。而在所有的赞美的语言中我始终认为那位格拉斯哥的记者说的话最能触动我的心弦。那位记者曾听过我的一些演说，并且报道过我和我的家族的一些事情。当我在圣·安德鲁会堂上做关于美国自治的演说时，他对我的报道大概是这样的："当我看到托马斯·莫里森的外孙在讲台上演讲时，我惊呆了，他的相貌、行为举止、演说风格跟他的外祖父是那么相像。"

虽然我不知道我外祖父的相貌是怎么样的，但是我可以坚信我和他长得惊人的相似。当 27 岁的我第一次回到丹弗姆林时，我的舅舅坐在我旁边，他的眼里饱含了泪水，内心激动的他跑出了房间，因为他在某一刻仿佛从我身上看到了自己父亲的影子。但是这种感觉又是转瞬即逝，无法用语言表达的。我的母亲也经常能在我身上发现外祖父的特征，我深深地被这种神奇的遗传因素打动了。

我的外祖母霍奇女士年轻时是爱丁堡受过教育的一个淑女。她知书达理而且很有地位，也得到了孩子们的喜爱，但不幸的是她很早就去世了。我的外祖父本来是丹弗姆林的一位皮革商人，有着不错的经济收入，但是经过滑铁卢战争之后，我的外祖父破产了。因为外祖父的破产，他所有的孩子中只有年龄较长的舅舅有过幸福的童年，而其他的孩子都是过着艰苦的日子长大的。

我的母亲始终给我一种神圣的感觉，她是我一生中最重要的人。特别是在我的父亲去世后，母亲就成为了我生命的全部。我曾在我的第一本书中提到——"献给我最最爱的女英雄——我的母亲"。我的母亲是家中的次女，她继承了外祖母的高贵和优雅，虽然我认为这个世界上只有自己最了解她，但是我始终无法用语言把她的形象准确描述出来。

我认为出生环境和家庭传统会对一个人产生潜在的影响，我很高兴自己能出生在这样一个家庭。艺术评论家罗斯金曾说过，在爱丁堡的男孩会受城堡的影响，而丹弗姆林的孩子都会受到大教堂的影响。11世纪时苏格兰修建了威斯敏斯特城堡，这个城堡是由马尔科姆·坎摩尔国王和他的王后玛格丽特（苏格兰的守护神）修建的，并且历代国王的宫殿和大教堂的遗址目前仍然存在，马尔科姆国王塔、皮坦克里夫峡谷和玛格丽特王后的圣坛以及古老的歌谣也保留了下来。阿比大教堂的中心是布鲁斯国王的陵墓，而且很多皇室家族的成员也长眠在这周围，其中也包括圣·玛格丽特王后。

丹弗姆林曾经是整个苏格兰的首都和宗教中心，它是坐落在福思湾北面三英里的高地上的小城，从这里往北看是奥克山顶，往南可以看到爱丁堡。所以第一次来这里观光的孩子们都会感到非常兴奋。

在这里，孩子们从小就受到诗意和浪漫的熏陶，历史和传统的感染，这就是孩子们童年的真实世界。而从小生活在这种真实世界的孩子们即使后来受到残酷现实的打磨，他们也不会忘记这种真实世界的感觉。即使在生命之火即将熄灭的前一刻，他们仍然不会忘记早年他们身边的环境和传统对他们的影响。或许这种影响会在某个时刻消失，但是不久之后它就会重新发挥作用，让从这里长大的孩子们找到生活的方向。每一个长在丹弗姆林的孩子都会受到大峡谷和宫殿、教堂的影响，这种影响在他们的幼小心灵中根深蒂固，让他们变得与众不同，让他们具有成功的自信和忽略贫贱出身的本领。当然我相信我的父亲和母亲也具有浪漫和诗意，因为他们也出生在这片热土，从小受到周围环境的熏陶。

我的记忆也是从我们家搬到里德公园的一所宽敞的大房子开始的，这得益于父亲织布生意的成功。我们在那里居住的房子是普通的旧式苏格兰房子，因为父亲的织布机把楼下都占满了，所以我们只能居住在二层，每天都要从路边的楼梯上去。我记得小的时候有一次父母和威廉姨父、艾特肯姨妈围在一起津津有味地看着一张大约两平方英尺的美国地图，他们认真地在地图上找着匹兹堡的位置，还指着伊利湖和尼亚加拉河，不知道说了些什么。但不久之后姨父和姨妈就搬到我在地图上看到的地方去了。

那时候我们整个家庭陷入了极大的危机之中，镇上也发生了骚乱事件。我和表兄乔治·劳德都清楚地记得有一面谷物法游行中用的旗帜藏在我们家的顶楼，我想那大概是我们家的某个激进分子藏的。那时候我们每天都生活在动乱和惊恐中，而父母双方的家庭也因为立场不同分成了两派。当时我的父亲只是忙于各种演讲集会，根本无暇关心自己家里的事情，整个大家庭的命运像在风雨中的树叶一样飘摇不定，而又显得那么脆弱。

一天夜里，当我们正在熟睡时，一阵急促的敲门声把我们惊醒了。敲门的人告诉我们，我的舅舅贝利·莫里森因为组织非法集会已经被抓起来了，而这次是镇长亲自出马去舅舅组织集会的地方把他抓回来的。群众们为了救他也组织了一次规模巨大的游行。镇长被游行的阵势吓到了，他想让我的舅舅把街上的人解散，舅舅答应了他的要求。正如我们家族的所有成员一样，舅舅既激进爱国又正直守法。

把一些人私下说的话公开，大家可以想象这是一件多么痛苦的事情。我向往着会有一块自由的土地，在那里生活着我的同胞，在那里我们可以谴责国王和贵族政府以及各种形式的特权，在那里我们可以实行共和国政体。为了实现这些，当时还是孩子的我理所当然地认为应该杀死国王和公爵、地主，而且认为他们的死并不是国家的遗憾，而是对国家的一种贡献。

童年的影响让我对那些仅仅靠门第而获得特权的个人或者阶级充满了敌意，而那些人经常被认为是没有什么能力的，只是因为出生在一个好的家庭，才有机会获得特权，而"他们家真正的英雄就像土豆一样，埋在地里"。虽然这些人出生就过上了拥有特权的生活，但是我认为特权并不是人生来就有的。

我始终认为在这个国家里丹弗姆林的佩斯利涡纹旋花之所以闻名，是因为它有激进的思想。因为我所认识的生活在丹弗姆林的人，大部分都是手工业者，这些手工业者的工资并不是按照时间来计算的，而是按照他们的件数来计算的，所以他们经常从制造商那里承包下来，然后带回家用自己的织布机来完成。

那时候丹弗姆林的男人们经常在午饭后聚在一起讨论时政，因为所处的时代令他们有着强烈的政治热情，所以当时的男人们都非常关心政治。在他们的谈话中，经常会提到休姆、科布登、布赖特等人的名字。就跟我的家族其他成员一样，年幼的我也经常会参与到人群中，听那些人激烈地讨论，而大家讨论的结果就是一定要有所变化。这些激情澎湃的人们组织了很多集会，并征订了一些伦敦的报纸，每天晚上都有很多市民来听我的舅舅贝利·莫里森宣读最新的社论，这其中也包括了镇上的传教士。当我舅舅的宣读结束之后，大家就开始积极地发表自己的看法。

我的家族的其他成员对这种经常性的政治性集会都非常热心，我的父亲和一位叔叔经常在集会上发表演说，而他们的演说每次都有很多的支持者。有一次，我钻到人群中去听我父亲的演讲，因为人群中不断发出的叫好声让我无法按捺住内心的激动。当我告诉将我夹在双腿之间的那个人演讲者是我父亲时，他竟然把我从地上抱起举过了他的头顶，让我坐在他的肩上。

可能是受到父亲及身边人的影响，当时还不懂得什么是公民权的我就从内心有了"誓死捍卫公民权力"的信仰，并成为了一名坚定的和平主义者。

我的姨父有一个非常精彩的故事，这个故事的主人公是我的姨父和J.B.史密斯（丹弗姆林议会代表约翰·布赖特的朋友）。那时候姨父是委员会的成员，选举正在按计划有序地顺利进行，直到选区主持人宣布史密斯是一个"神教徒"之后，场上沉默了。卡耐·希尔村的史密斯委员会主席是一位铁匠，他对外扬言坚决不会给史密斯投票。于是我的姨父亲自赶着马车去找他辩驳，他们俩在村里的一个酒馆里进行了一番有趣的谈话。那位主席说："先生，我绝不会为一个神教徒投票的。"他的态度是那么坚定。"但是，如果他的竞争对手是基督教徒呢？"听完姨父的话之后，那位主席的态度随即改变了。最终史密斯以超过半数的票赢得了这次选举。

我的父亲并没有意识到"工业革命"的到来会给他的生意带来致命性的打击，他仍旧采用手工织布机织布，但是他的织布机很快就直线跌价了。在这个危急关头，我的母亲在摩迪街开了一家小店，虽然没有丰厚的收入，但是维持家庭舒适而体面的生活是足够的了。因此，我始终认为母亲就是支撑着整个家庭的一股不败的力量。

也是从那时候开始我知道了什么是贫穷。在我的记忆中，有一个画面是始终抹不掉的。那天父亲带着最后一点布匹离开了家，希望可以找到可以合作的制造商，母亲从父亲离开家门的那一刻就开始在屋里焦急地等待着父亲的归来。当看到父亲回来时的模样后，我的心在隐隐作痛，尽管就像伯恩斯所说的那样"不卑鄙、不低劣、不可恶"但也"祈求上苍再赐一片乐土，让他可以劳作求生"。从那时候开始，我就下决心一定要改变现状，虽然我们的收入少了，但是跟邻居相比我家的生活水平并没有因此而下降，我的母亲每天都在琢磨如何让她的两个男孩穿得干净整齐。

我的父母持有一个观点：只要我自己不要求去上学，他们就不会主动送我去上学。但是很快他们开始认识到这个决定的错误性，因为长大后的我根本就没有上学的想法，于是他们求助于罗伯特·马丁校长。有一天校长带着我和一些已经入学的伙伴去远足，回来后我就跟父母提出了去马丁学校读书的想法，父母非常高兴，很快就把8岁的我送到了学校，后来的经验告诉我，八岁入学是不晚的。

我非常喜欢学校的生活，而且一旦因为一些别的事情去不了学校，我就会非常生气。但是事与愿违，我经常会因为必须要打水而去不了学校。那时候我早上的任务就是到街头的井里去打水，因为那里储水不多，而且也不规律，经常会等很久才能打到水，有时会等到正午才能打到。我经常会无视老太太们前一天晚上在井边上放好的水桶，直接冲到她们前面去打水，为此我被他们称为"坏小子"，但是经常跟这群老太太理论也使我具有了很强的辩论能力。

校长知道我经常迟到的原因，所以总能原谅我。后来我找到了一份课后在店里当伙计的工作，每天下课之后，我都会早早地来到店里。现在回想起10岁时的那段日子，我感觉挺满意的，因为那时候我已经成为了父母的好帮手。因为我的诚实守信，不久之后很多店主都很信任地把账目交给我保管，这让我从小就接触了生意上的一些事情。

可能是因为马丁校长对我太好了，在学校里别的孩子给我起了一个我很讨厌的绰号——"马丁的宠儿"，虽然当时我并不知道其中的全部含义，但我觉得这是一件非常羞耻的事情。也是因为这件事情，我从来没有好好地报答过我的这位校长。

在我的一生中，姨父劳德对我产生了不可忽视的影响。那时候我的父亲非常忙，整天都呆在织布房里，没有时间关心我。而我的姨父是海尔街一家商店的店主，时间比较充裕。（在丹弗姆林街，店长有各种贵族等级，姨父所在的那条街是贵族店长们聚集的地方。）在我刚入学不久，我的姨妈就去世了，这对我姨父来说是一个不小的打击，这时的他只有在跟我和他的独子——乔治在一起的时候才会感到些许宽慰。跟姨父在一起的日子里，他教给了我很多学校里学不到的东西，他不仅教我和乔治英国历史，而且还让我们想象每个国王都分布在房间墙上的某个位置，接着为我们上演他熟悉的画面。姨父的说教非常形象，所以至今我还记得维多利亚膝盖上抱个孩子的画面。

长大后我找到了收藏在威斯敏斯特教堂里的历代国王的名册，并把姨父没有讲全的部分补齐了。在这些国王中，姨父最崇拜一位共和主义国王，他曾经给罗马写过信，在信中他提到如果不停止对教徒的迫害，英国就会动用武力。威斯敏斯特教堂的停尸桌上曾经停放过奥利弗·克伦威尔的尸体。是的，克伦威尔在人们心目中是伟大的英雄。姨父给我们讲了许多苏格兰早期的历史，这其中有关于华莱士、布鲁斯、伯恩斯、布林德·哈里、斯科特、拉姆齐、坦纳西尔、霍格和费格斯等人的故事。那时候的我在内心深处已经埋下了强烈的爱国之情，而且至今也没有改变过。华莱士的身上具有英雄的所有特征，是我们伟大的英雄。有一天，一个小男孩的话深深地打击了我，他说苏格兰不如英格兰大，我非常伤心，并求助于我的姨父。姨父跟我说如果将苏格兰展成英格兰那样的平地，那么苏格兰是要比英格兰大的，但事实上高地是不可以展开的。姨父的回答让我那颗不安的心顿时安静了下来，我依然像以前一样热爱苏格兰。后来我又跟别人争论苏格兰和英格兰人口多少的问题。我又求助于我的姨父，我的姨父告诉我英格兰与苏格兰的人口比例是 7:1，但是人口众多的英格兰却在班诺克战役中败给了苏格兰。这又让我因苏格兰而感到非常高兴与骄傲。

战争会繁殖战争，的确是这样的，两个国家一旦挑起了战争，那么它们之间的战争是永无休止的，因为一场战役总会引起下一场战役的爆发。所有美国和英国的男孩子都学过华盛顿和福格谷的历史，也了解被雇佣的黑森人杀死美国人的事情，所以，美国的男孩子对英国人持有仇视的态度。我和我在美国的侄儿都学过这些历史。虽然善良的苏格兰人并没有想到要攻打英格兰人，但是英格兰人却总想跟苏格兰人发生战争，这让两个民族之间产生了根深蒂固的偏见，这种偏见随着时间的流逝，会在两个民族之间不断延续下去。

姨父经常会用诗歌来控制我和"多德"（乔治·劳德）的情绪，他总是告诉来家里做客的朋友说他能让我们两个哭、笑或者打架。姨父的第一个法宝就是讲华莱士被出卖的故事，每当姨父给我们讲经过他加工之后的这个故事时，我们两个都会流下伤心的泪水。

那时候我几乎天天都跟我的姨父和"多德"在海尔街待着，这段时间让我和"多德"之间产生了一种特别的情愫，这种情愫是会伴随我们一生的兄弟之情。因为关系亲昵，所以我们互相叫"多德"和"乔治"，而这两个昵称是家人给我们起的。

从姨父的家到我家有两条路可走，一条沿着教堂的墓地，晚上的这条路总是漆黑一片，因为那里没有灯；另一条路就是走五月门大道，在那里没有黑暗的恐惧，因为灯光可以照亮前行的大道。每当晚上姨父送我回家时，他总会故意问我走哪条路，崇拜华莱士的我每次都会选择走教堂那边的那条没有灯光的路。虽然每次都会非常害怕地走过教堂的拱桥，但是我从没有中途改变路线的想法，这一点我至今也非常自豪。久而久之我也有了走黑暗道路的法宝，一个是吹口哨壮胆，另外一个就是以华莱士为精神支柱。

因为从小听姨父讲名人的故事，所以我和表兄会对每个人有自己的评价。在我们心中华莱士是最大的英雄，其次是约翰·格雷厄姆先生。而国王罗伯特·布鲁斯在我们眼中仅仅只是国王，并不能在我们心中占据一席之地。现在想想当时的那股强烈的爱国力量一定是来源于我们心目中所有的英雄，特别是华莱士。在孩子们的心中，最可信赖的人不是父母，也不是老师，而是他们心目中的英雄。

后来我到了美洲其他的一些国家，住在那里的人们都感到非常骄傲，这让我觉得不可思议。在我的心中，一个没有华莱士，没有布鲁斯，也没有伯恩斯的国家是没有骄傲的资本的。他们的骄傲只能归结于一点——他们没有去过苏格兰，根本不知道苏格兰的伟大。但随着时间的推移，我慢慢地发现，并不是只有苏格兰有英雄，所有的国家都有自己的英雄，但是我坚信一个真正的苏格兰人无论离家多久，都不会忘记自己的祖国母亲，更不会贬低她。他只会找理由来抬高对别的国家的评价，这样可以让自己的子孙为养育他们的这片热土作出自己的贡献。当我在这片新土地上生活了许多年之后，我仍然没有意识到这是我所属于的地方，我始终认为我是一个临时的住客。就像彼得森校长的小儿子一样，我们的心只会属于苏格兰，而加拿大等地只是适合作为旅游观光的地方，因为我们不想与我们心目中的英雄——华莱士、布鲁斯离得太远。

第二章 丹弗姆林和美国

劳德姨父经常要求我们背诵文章,所以我和"多德"经常边演边背。表演的时候我们通常把脸抹黑,带上我们自制的头盔,挽起上衣和衬衫的袖子,用手中的木条当做戏剧中人物的剑。我们的表演经常会受到同学和大人们的欢迎。

姨父总是鼓励我们表演自己想表演的内容,讲出想讲的台词。在诺瓦尔和格雷纳温的经典对白中有一个词——"该死的虚伪"出现的频率特别高,特别是格雷纳温说的频率就更高了,我们考虑到"该死"这个词并不是文明的词语,就想用一声咳嗽带过,但每当这时候观众们总会哈哈大笑,这让我们感到很无奈。终于有一天,我的姨父告诉我们"该死"这个词是可以说的,于是我们开始排练这个词,这让我们都感到很轻松,特别是扮演格雷纳温的我表演的时候也不会感到不安了。这时候我终于明白了玛乔丽·弗莱明在想说"该死的"这个词却不能说时的心情了。

在讲道坛上,牧师可以说"混账",在朗诵的时候,我们也可以随口说出"该死",不雅的词往往会引得观众们哈哈大笑,所以这些词不但没有让观众们反感,反而成为了我们演出时精彩的部分。还有一件事情给我留下了深刻的印象,也是有关诺瓦尔和格雷纳温的。他们之间有一段对话,其中诺瓦尔说"只有死亡能结束战争",后来姨父写信告诉我们,他在《美国评论》上看到了这些字眼。姨父就是这种说干就干的人。

因为经常背诵,所以我的记忆力得到了很大的提高。我的速记能力经常会让朋友们感到吃惊，而且我总能记住所有的事，不管我对它们是否感兴趣，只不过那些我不感兴趣的事情很快就会在我的大脑中消失。所以我认为鼓励青少年背诵和记忆一些经典故事，对他们记忆力的培养具有非常重要的意义。

在丹弗姆林时，每天早上的第一节课都是诗歌课，而每节课的考试内容就是默写两首双音节诗歌。我并不会提前准备这个考试，而是在上学的路上提前五六分钟看一眼要默写的诗歌，这样对我来说已经足够了，我总是能轻松地写完那两首诗歌。但是这些诗歌在我的脑海里存留的时间不会超过半个小时，半个小时之后我就默写不出来了。

我人生中赚到的第一便士并没有依靠父母的帮助。那是我通过复述伯恩斯的诗——《人生来就是受苦的》，从马丁校长那里赚来的。我第二次通过背诵伯恩斯的诗歌得到便士是在伦敦的一次宴会上，那是很多年之后才发生的事情，那时候我跟约翰·莫利先生谈到了沃兹沃斯的生平，莫利先生说他非常欣赏伯恩斯的诗《晚年》，并想找出来读一下，但遗憾的是他找了好久都没找到。我凭着记忆为莫利先生背诵了其中的一段，听完后莫利先生跟马丁校长一样给了我同样的奖赏，他是那么可爱。

我的整个家族都反对教义，对待宗教的立场也非常偏激，我的家族里没有一个正式的长老教会员，我的父亲、卡耐基叔叔、艾特肯姨父和姨妈、劳德姨父都不是加尔文教的教徒。而我和"多德"从小也不用像别的孩子一样学习《简明教义问答手册》，不用背诵那些生硬的信条，这让我们很高兴。我的母亲没有仆人，要干家里所有的家务以及准备周日全家人的午饭，在我的印象里她从来不会对宗教的事情发表意见，也不去教堂，但是《查宁基督教》却是她最喜爱的读物。我的母亲总是这么不简单！

童年时我整天都能接触到宗教方面的思想以及包括消灭特权、共和制在内的当时政界的先进思想，就在这种宗教和政治的不安的氛围中我度过了我的童年。而对儿时的我影响较大的还有苛刻的加尔文条文，但是我有幸得以摆脱。我清楚地记得父亲在提出脱离长老教会时的场面。

"难道这就是你们的宗教，你们的神？我要找一个更好的信仰、一位更英明的神。"父亲对长老教会的理论感到不满，后来父亲再也没有在长老教会的教堂里祈祷过。但父亲始终有一颗虔诚的心，他每天都在小隔间里独自祈祷，并且在留意其他的教会是否有他所中意的。父亲在我心中是一位比牧师还要伟大的信徒，因为他具有渊博的知识。安德鲁·D.怀特在自传里称自己是一个"永远的复仇者"，我觉得他的比喻是比较恰当的。

养鸽子和兔子是我小时候最喜欢做的事情，因为我觉得它们特别可爱，而且经常能给我带来欢乐。我的父亲经常会为这些小宠物搭建一些窝，这样它们就能生活得更舒适了。我的母亲认为家庭环境对一个孩子的成长是非常重要的，所以她总会尽最大的可能让家里充满欢乐，而且还会欢迎我的小伙伴们到我家来跟小动物们一起玩耍。

我的第一笔生意是跟我的小伙伴们做成的。我让他们为我的小兔找食物，他们得到的报酬并不是钱，而是用他们的名字来给小兔取名。在整整一个季度的时间里，我的小伙伴们每到周末就会去给小兔采摘蒲公英和三叶草。每当想起这次不公平的交易，我就特别内疚。

这次活动对我来说是非常重要的，因为它让我的组织能力充分地展现了出来。一个人成功的前提并不是具有渊博的知识，而是如何做到让人在他们适合的岗位上为你服务。我并不懂得蒸汽机的原理，但是我懂得如何让比蒸汽机复杂百倍的人进行工作。后来我又遇见了当年为我的小兔找食物的伙伴。那是 1898 年的一天，当我路过苏格兰高地的一家旅馆时，我遇见了一位绅士，他说他叫麦金托什，是苏格兰的一位大家具商。他告诉我当年他曾经为我的小兔找过食物，而我也用他的名字给我的兔子起了名。我从没想到多年以后还能见到儿时的伙伴，这使我非常兴奋，我希望能够珍藏这份友谊。后来我们经常通信，每次读到对方的来信，我们都会感到温馨。（就在我正写作手稿的今天——1913 年 12 月 1 日，我还收到了他的来信。）

丹弗姆林小作坊式的生意因为"工业革命"的到来而变得步履维艰。父母为了改变家境，也为了我和弟弟能够更好地成长，他们不得不给居住在匹兹堡的两个姨妈写了信，信中提到我们想去投靠他们。她们回信说非常欢迎我们的到来。要离开丹弗姆林的那段日子里，父母整天都在忙着拍卖织布机和家具。我们也经常能听到父亲优美的歌声："向西，向西，奔向那块自由的大陆……穷人也能收获大地赐予的一切果实。"

那些旧式的织布机并没有拍卖到好的价钱，拍卖结束之后，我们去美国的旅费还差 20 英镑。就在这紧要的关头，我母亲的好友亨德森夫人挺身而出，她冒险补齐了我们所缺的旅费，而劳德姨父和莫里森舅舅也为我们作了担保。我的母亲平时总会为朋友两肋插刀，所以在她有困难的时候朋友们也会毫不犹豫地帮助她。1848 年 5 月 17 日，43 岁的父亲，33 岁的母亲，带着 13 岁的我和 5 岁的弟弟汤姆离开了丹弗姆林。

后来，我再也没接受过正统的学校教育，只是在一个美国的夜校上过一个冬天的课。不久以后，父母为我请了一位法语老师，他是一位演说家，每天晚上上课的时候，他都会教给我一些演讲的技巧。而从那时起我也开始学习读写、算数和拉丁语了，那时候我的书法比现在都要好。我读的书大多是有关华莱士、布鲁斯和伯恩斯的，并且能够背诵其中的经典诗句。当然我也会读一些童话故事，那时候每当我读《一千零一夜》时，我就有一种坠入梦境的感觉。当然那时候我也努力地学习了英语语法，并勉强达到了同龄孩子应该掌握的程度。

登上开往查尔斯顿的火车离开丹弗姆林时，我的眼泪悄悄地流了下来。我眼泪汪汪地看着外面，我希望可以最后看一眼丹弗姆林。直到那座威严而古老的大教堂从我的视野里消失以后，我知道丹弗姆林已离我很远了。从那天起，几乎每个早晨我的脑海里都会浮现同样的问题——"何时我能再回丹弗姆林？"而丹弗姆林大教堂塔上的字——罗伯特·布鲁斯国王，也时常会在我的记忆中出现。我童年所有的记忆都跟大教堂有关，而每天晚上八点敲响的晚钟也时常在我的记忆中敲响，仿佛在提醒我睡觉的时间到了。

马车驶下廊道，我和沃尔斯教士长站在马车的前排座位上。当大教堂的钟声传来时，我的眼泪打开了闸门，一泻而下，我无法控制自己激动的情绪，我认为那钟声是为我和我的母亲而鸣的。而且我仿佛从来没有听到过这么美妙、悦耳的声音，它震撼着我的耳膜，深入了我的灵魂。我转过身去告诉教士长说我无法控制自己了。那最初的几分钟里，我仿佛失去了知觉。当时周围的人并不多，所以我有充足的时间来调整自己。我告诉自己："没事的，要冷静，坚持住。"我的嘴唇被我咬出了鲜血。

在我童年的记忆里，每当晚钟敲响时，我就要被抱到小床上去睡觉。每天晚上，我的母亲或者父亲都会用柔和的声音告诉我钟声说了些什么，直到我慢慢地睡去。当然，那时他们也会数落我一天所做的坏事，声音就像从天堂和圣父那里发出的一样，既平和又严厉。我知道他们并不是真的生气，他们也从未真正生过我的气，他们只是对我感到有点失望。今天，当教堂的钟声再次在我的耳畔响起时，我激动得哑然失声，我知道今天它要说的内容就是欢迎我这个游子回到它温暖的怀抱之中。

晚钟每晚都会为我们无私地奉献，告诉我们它要表达的内容，这是老天所不能比的。在离开丹弗姆林之前，我的弟弟汤姆也开始慢慢地了解钟声的内容了。

卢梭希望自己能够在甜美的音乐中死去，而我则会选择在钟声的陪伴下离开。如果有可能，我希望钟声能够在我生命的最后一刻在我的耳边响起，告诉我是时候永远地睡去了，人生的赛跑已经结束。

很多读者来信告诉我说，每当读到这段时，他们不禁流下泪来。我想原因可能只有一个，那就是心灵的碰撞。这是我用心写下的文字，当然会引起读者心灵的共鸣。

我们坐着小船来到福思湾，在那里我们要换乘爱丁堡号汽船。当被别人从小船上抱起放到汽船的前一刻，我转向了劳德姨父，双手搂住他的脖子，嘴里大声地喊道："我不离开你！"是的，当时我是多么不愿离开。后来我被一位船员抱起来放到了甲板上。14年之后，当我重返丹弗姆林时，我的姨父来看我，告诉我说那次离别让他终生难忘。

7个星期之后，我们乘坐的800英吨的"维斯卡塞特号"帆船终于靠岸了。因为船上的水手不够，所以在航行的过程中我经常会被邀请去帮助他们，而在周日我也会分享他们的葡萄干布丁。在这段日子里，我跟水手们成为了朋友，而且知道了船上各种绳索的名字和一些其他知识。

当我第一次来到纽约时，眼前的一切都让我感到新鲜、激动。没有移民之前我去过最远的地方是爱丁堡，但是由于时间原因，我没有去格拉斯哥。这次到了纽约之后，我所见到的一切都让我感到惊奇和欣喜。在这里的大街上到处都能看到来回穿梭的车辆，大路上留下的都是行人匆忙的脚步。在纽约时发生了一件让我非常感动的事情。那天正当我经过城堡公园的草地保龄球场时，我的手突然被一双大手抓住了。我看见一个穿着蓝夹克、白裤子的小伙子正微笑着看着我，原来是罗伯特·巴里曼——"维斯卡塞特号"的一个水手。

我们来到一个冷饮摊前面，他给我叫了一杯汽水。当汽水从我的喉咙里经过时，我有一种喝着琼浆玉液的感觉，那种感觉是我十几年来从未有过的。后来，每当我经过这个地方的时候都会看到那个卖冷饮的老妇人，当然也会想起那天的罗伯特·巴里曼，他的善良让我的心里总是感到丝丝温暖。他在我心里是那么的完美，在我看来他就是

"男性的典范"。后来，我想尽各种办法去寻找他，因为我想给他的晚年带来些许欢乐，但最终我也没有找到他，确切地说是我无法找到他，因为那时的他已经离开了人世。

我们认识的人里只有著名的约翰、威利、亨利的父母——斯隆夫妇在纽约，所以我们找到了他们并受到了热情的接待。在丹弗姆林时，斯隆先生跟我的父亲在织布生意上是很好的伙伴，而斯隆夫人则是我母亲的好朋友。后来威利从我的手中把我们家对面的地买了下来，并把它送给了已婚的两个女儿，这样我们的第三代又成为了很好的伙伴。

父亲接受了纽约移民代理人的建议，先从布法罗和伊利湖方向到克利夫兰，再走运河到俄勒冈州。因为当时的匹兹堡没通铁路，而且西部的很多城市都没有铁路，所以这个现在只需要花费10个小时就可完成的旅程，在当时却用了我们3周的时间。在这3周的时间里我们见到最多的情景就是很多人在忙着修路。当我们到达俄勒冈州等待去匹兹堡的汽船时，我们被迫待在那里的一艘船上过夜，那个晚上我们受尽了蚊虫的叮咬，特别是我的母亲。当第二天醒来时，她的眼睛都被咬肿了，这是我见过的最凶猛的蚊子。尽管这样，我那天晚上依旧睡得很香，因为我一向是一个睡眠质量很好的人。

当我们到达匹兹堡后，我们受到了热情的款待。他们的热情让我们的疲惫感都消失了。后来我们在阿尔勒格尼安顿下来了，跟我们的亲戚住在一起。我们居住在丽贝卡街的一家织布店二楼，这家织布店是霍根姨父的兄弟开的。因为房子是艾特肯姨妈的，所以不用交房租。我们到达匹兹堡不久之后，我的姨父就转行不再做织布生意了，于是我的父亲就从姨父手里接过了织布的工作。这时的父亲不仅要织布，而且要到处推销，因为愿意买这种台布的人实在是少得可怜。

因为父亲的收入非常微薄，所以母亲就开始从旁边的鞋店里接一些做鞋的活。母亲年轻的时候曾经跟着外祖父学过做鞋，所以从旁边鞋店里接点活回家去做对母亲来说是非常简单的。这样，母亲每周用空闲的时间就能赚4美元，这些钱解了我们家的燃眉之急。每当夜幕降临时，母亲忙完了家务后就会把弟弟抱在腿上，让他帮自己穿针、蜡线，同时母亲会用慈爱的声音给弟弟讲一些我小时候曾听过的寓言故事或者苏格兰的故事。为了能多赚几个钱，母亲常常会忙到深夜才睡去。在我的记忆中，母亲总会在家里最困难的时候挺身而出，用自己单薄的肩膀支撑着整个家庭的重担。而邻居们则认为她是一位智慧且善良的女性，无论是在丹弗姆林还是匹兹堡，当邻居家的女主人遇到棘手的问题时，他们都会跑到我家请我的母亲为她们出谋划策。

在家里，母亲既是护士又是厨子，同时还是优秀的家庭教师和虔诚的圣徒，而父亲则扮演着榜样、向导、顾问和朋友的角色。这是一个从正直而贫困家庭走出的孩子最珍贵的优势，是其他富有的家庭无法比拟的。我和弟弟都为能出生在这样的家庭里感到幸运。

第三章　匹兹堡和工作

每天看着父母劳碌的身影从我的眼前经过，我的心里都会有一种酸酸的感觉。我不想让他们那么劳碌，我已经13岁了，我可以替他们分担家庭的重担了。那时候的我希望自己每个月能赚25美元，因为这是维持家庭生活所必需的钱数。但是找工作对我来说并不是一件很容易的事。

有一天霍根姨父的兄弟来到我家，他好心地告诉母亲说可以让我提着篮子在大街上卖一些小玩意儿，因为我的头脑比较灵活，他相信我肯定能赚不少钱。他的话还没说完，母亲就生气了，她愤怒地从椅子上站起来，大声地对他说："什么！你想让我的孩子去做小贩，跟那些粗野的人一起叫卖？如果真是那样的话，我情愿把他扔进阿尔勒格尼河！"母亲激动地用手指着门口让他赶紧离开。霍根先生走后，母亲先是一动不动地站在那里，仿佛停止了思维。然后母亲的整个身体突然间都瘫在了椅子上，眼泪也从她的眼睛里迸发出来。但是坚强让我的母亲很快停止了哭泣，她把我和弟弟搂在怀里，诚恳地请我们原谅她的失态，并告诉我们有很多的事情可以做，而且只要走正道我们肯定能成为有用的人，同时，也会受到别人的尊敬和重视。但是母亲生气并不是因为商贩这个职业卑微，而是因为在她看来只有无业游民才会在街上叫卖。她甚至觉得，与其让我们做这种得不到尊敬的工作，还不如跟我们一同死去。

正如沃尔特·斯科特对伯恩斯的评价一样，我也认为我的母亲是最有远见的人，在她的心里不能容忍一点低俗、卑劣、动摇和欺骗。我为能有这样的母亲感到自豪。我的父亲也是一位品德高尚、备受爱戴的人，在他们的感染下，我们家的每个人都具有强烈的荣誉感、自尊心和独立性。我想能出生在这样一个家庭里，我和我的弟弟汤姆都是幸运的。

不久之后，惨淡的经营迫使我的父亲放弃了织布机的生意。他开始在布莱克斯多克先生的棉纺厂工作，同时父亲也为我在那里找了一份绕线的差事。虽然一个星期只有 1 美元 20 美分的工资，但那已经足够让我兴奋很久了，因为我终于可以凭借自己的力量为家里赚钱了。尽管我要在冬天的早上跟父亲一起摸黑起床，尽管每天中午吃饭的时间都是那么短暂，尽管我对那份工作没有丝毫的兴趣，但是一想到不久就可以领到自己赚的薪水，这些就都不算什么了。虽然后来我赚过数十万、数百万的钱，但是这些都比不上那年在棉纺厂工作时领到的第一笔工资。那时父亲又开始唱起了《整理船只》，我也总会接着父亲的歌声继续唱下去。

没过多久我有了第二份工作，我在另外一个线轴制造商约翰·海的公司里工作，每周的报酬是 2 美元。开始的时候我的工作是在地下室操作一台蒸汽机，并且负责烧锅炉。每晚我都要在床边不停地测量气压，因为我既害怕压力过高把锅炉烧掉，又害怕压力低而引起工人们的抱怨。我就在这种激烈的矛盾中度过了一个又一个夜晚。

虽然这个工作比第一份工作还要无聊，但是我对我的父母隐瞒了一切。因为我知道他们有自己的烦恼，我不该再把自己的事拿来麻烦他们；而且那时候我还有我的华莱士作为精神支柱，我不停地在心里告诫自己：一个真正的苏格兰人是不会放弃的。虽然没有任何征兆，但我始终坚信我的工作会有变化，不会永远只做这些无聊的事。

功夫不负有心人，没过多久我真的等到了一个改换工作的机会。有一天，海先生问我会写哪种字体，因为他想让我替他写海报。当我把写完的海报拿给他时，他很满意，并且认为我非常适合写海报。不久之后他发现可以让我做一些算数的事情，因为这是我所擅长的。我觉得这位善良的苏格兰老人肯定对我这个白发男孩有好感，所以他想把我从车间里"救"出来。

我的新任务大都没那么讨厌，但把刚生产出来的线轴放在油桶里浸泡的这个任务却让我感到非常恶心，因为我闻不惯那股浓重的油味。虽然这份工作是我在一个独立的车间里独自进行的，完全不会受到别人的打扰，但是那股令人恶心的油味完全掩盖了所有的喜悦。即使是想到我的偶像华莱士和布鲁斯时，我也无法控制自己不断翻腾的胃。后来我发现，如果我白天只吃一顿饭的话，晚上就会有很好的胃口，而且也会完成所有的任务。我坚信一个真正的华莱士的信徒是不会半途而废的，而一个真正的布鲁斯的信徒更不会选择放弃。

为海先生工作比在棉纺厂时好多了，而且我也为能结识一位对我很不错的雇主而感到高兴。在海先生那里，有时我也会帮他记账，但他使用的是简式记账法。为了能够学会复式记账法，我和同事约翰·菲普斯、托马斯·N.米勒还有威廉·考利一起在这个冬天去读了夜校。在这里，我们学会了复式簿记，这是大多数公司所采用的记账法。

1850 年的一天，当我下班回到家时，霍根姨父告诉了我一个令人兴奋的消息——电报局需要一个信差。这个消息是电报局的经理大卫·布鲁克斯跟我的姨父一起下棋时告诉我姨父的，并且希望我的姨父能够帮忙找一个合适的人。姨父当时跟他提到了我的名字，但要问我是否愿意去。布鲁克斯先生是一个大大咧咧的人，在他的眼中并没有什么事情能真正算得上是大事。他总会把这种重要的事当成很小的事来处理，因为在他看来，琐事与重要事之间并没有明确的界限。但是我认为年轻人要重视每一件小事，因为那是上帝给予我们最好的礼物。

关于是否让我去的问题，我们专门召开了家庭会议。我和我的母亲都同意我去，但我的父亲并不太同意，他认为我太小了，可能无法胜任这份工作，而且如果晚上到村子里送信的话很可能会遇到危险。但是不久之后父亲就改变了主意，他同意让我去试试，我想他可能是私下里跟海先生谈过了。虽然我的离开会给海先生带来损失，但他觉得这是一个很好的锻炼机会，于是支持我去试一下，如果觉得不合适，随时都可以回来。

电报局通知我去匹兹堡拜访布鲁克斯先生，因为父亲想陪我一起去，于是在一个阳光明媚的早上我们两个一起从阿尔勒格尼来到了匹兹堡的伍德大道。在伍德大道的第四个拐角处，我看到了期盼已久的电报局。那天我穿着只有安息日才穿的白色亚麻衬衫，还有一件蓝色的紧身衣，及周日的全部行头。到了电报局门口后，我让父亲在门口等着我，我自己来到二楼办公室拜见了这位伟大的人物。我之所以不让我的父亲进去是因为我想给布鲁克斯先生留下一个美国人的印象。虽然我为我是苏格兰人感到自豪，但是我不想让那浓重的乡音影响我在这个新大陆的发展。现在的我说话时只会略微带一点儿乡音，所以我觉得如果没有老苏格兰父亲在场，我会表现得更加自如一些。

在布鲁克斯先生的办公室里，我小心翼翼地告诉他，虽然现在我不是很了解匹兹堡，所以刚开始时可能做得不够好，但我想尝试一下。当他问我什么时候去上班时，我说如果需要现在就可以。虽然我得到了这个职位，但我觉得我当时的回答仍值得深思。年轻人应该抓住任何一次机会，如果错过机会，这个职位可能就是别人的了。布鲁克斯让另外一个男孩（因为我是额外增加的名额）领着我去熟悉环境和业务。在熟悉环境的过程中，我找机会告诉父亲我被雇佣了，并且让他把这个好消息带给我的母亲。

刚到电报局工作的前几个星期里，我只有一套亚麻料子做的夏装。为了让我在安息日穿戴整齐，每到周六晚上，无论我回家多晚，母亲总会等我回来，把我的这些衣服洗干净、熨平整。那时候为了能够在这个国家立足，我的母亲可以去做任何事，而父亲每天都要承受繁重的工厂劳动，回家之后还经常会鼓励我。

这一年我真正地走出了人生的第一步，我不用再为了 2 美元而忍受那股令人恶心的油味，也不用整天都在没有光照的地下室工作。这里所有的一切都让人感到舒适、自在。报纸、钢笔、铅笔和阳光代替了以前的蒸汽机、煤、油和阴暗。在这里的每一分钟我都在学习，仿佛我原先的大脑是一个空空的口袋，现在我要做的事就是想尽各种办法把它填满。而我的身边也仿佛有一架梯子，引领着我不断往上攀登。

为了能够记住那些商家的名字，我把这条道上所有公司的名字都写了下来。在空闲的时候我就在嘴中念着这些公司的名字，尽量背诵下来，因为这些都是我的固定客户，我必须要记住他们。不久之后，我就可以熟练地说出这些公司的名字了。记住公司的名字之后我就开始认识公司的每一个人，因为这对我来说是非常有用的。当我在路上碰到他们的职员时，可以让这些职员替我把信带回去，这样我就可以少跑一趟路。而我们当信差的也能从中获得快乐，当大人物（在信使眼里，大多数人都是大人物）在我们身边停下来时，我们就会感到无比的荣耀，特别是听到他们的夸赞之后，我们就更加兴奋了。

因为那时候的房子主要是用木头制成的，很少有用砖的，所以 1845 年 4 月 10 日的那场大火几乎把整个商业街都化为了灰烬。当时的匹兹堡还没有从大火中恢复过来，而且人也很少，大概不到 4 万人。商业街还没有延伸到第五大道，所以那时候的第五大道是非常冷清的，没有现在的车水马龙和密集的行人，那里最有影响力的只是一个剧院。阿尔勒格尼的联邦大街也没有今日的繁华，只有零星的几家公司坐落在那里。现在的甘蓝花园所在地原先是一片池塘，小的时候我经常到那上面去滑冰。

第一个在俄亥俄河西部出生的白孩子是鲁滨逊将军，我曾经给他送过一次电报。我还见到了第一条从东部到本市的电报线路，后来我还见到了第一列从俄亥俄州到宾夕法尼亚的火车机车。因为本市与东部没有直接连接的铁路，所以旅客们到费城通常要花费三天的时间。

首先要渡过运河来到阿尔勒格尼山脚下，然后乘坐火车到荷李傺伯格，再渡过一条运河之后到达哥伦比亚，最后换乘火车到达费城，对于旅客们来说这是一个非常漫长而又难熬的旅程。

因为地处内陆河和运河的中转站，所以本市最大的商贸是促进东西部地区商品的流通。除此之外，每天都会有往返本市和辛辛那提的汽艇，这些汽艇是负责收发和递送邮件的。汽艇的往返保证了本市与外界的通讯。虽然我们周围储存着质量最好的焦炭，但是由于没有先进的工具和设施，我们没法把它们开采出来，所以在这里投资的一家炼钢厂因为没有找到合格的燃料和足够的生铁，不久之后就倒闭了。

1861 年，法纳斯托克先生退休了，他的合伙人按照他投资的股份，给了他 17.4 万美元的巨款，这些钱在当时是个天文数字，匹兹堡年报上记载了这件事并引起了巨大的轰动。在现在人的眼中 17.4 万美元只是一小笔钱而已。

当信差让我认识了本市很多大人物，其中包括在匹兹堡的律师界最为著名的威尔金斯法官。此外我跟麦克卢法官、查尔斯·谢勒、埃德温·M. 斯坦顿（林肯的左膀右臂）都建立了很好的关系。他们对我也非常友好，特别是斯坦顿，他从我很小的时候就开始注意我了。在一个信差男孩的眼中，商业圈里的人几乎全都是自己的偶像和心中的大人物。

信差的生活从任何一方面来讲都是非常幸福的。后来我们的信差队长升官调走了，一个名叫大卫·麦卡戈（后来成为了阿尔勒格尼山铁路部门的主管）的人被派来帮助我们工作。那时候我跟他是搭档，主要负责来自东线的所有信件，跟我们同处一间办公室的另外两个男孩负责西线。因为大卫是一个出生在美国的苏格兰人，所以我跟他很快就成为了很好的朋友，后来我们的友谊也一直非常稳固。

由于工作繁忙，大卫上任不久之后，他们就问我是否有合适的人可以帮助我们，我不假思索地推荐了我的好朋友罗伯特·皮特克恩。

后来他接替我的职位成为了宾夕法尼亚铁路匹兹堡分部的主管和总代理。罗伯特·皮特克恩上班之后，我们三个苏格兰男孩一起负责来自东线的信件，每周的工资是 2.5 美元。我们的职责不仅仅是送信，还包括早晨轮流打扫办公室，这就是基层的工作。而且不管是谁进来都跟我们一样是从基层做起的，包括大型制造公司——奥利弗兄弟公司的总裁——侯·H.W. 奥利弗和律师 W.C. 莫兰德也在这里上班。所以出身贫穷的人不必担心自己会输给富家子弟，上帝给所有人的机会都是平等的，从扫地做起的男孩将来也能成为非常成功的人。

当信差有许多想不到的快乐，由于送信及时，我们有时可以得到水果店的整袋苹果，有时还可以从面包店和糖果店里得到甜点。我们经常会遇到很多善良的人，得到他们的夸奖，这让我们非常兴奋，当然我们也很乐意为他们捎一封信寄出去。

那时候让我们眼红的还有额外的 10 美分，如果递送的信件超过了一定数量，我们就可以得到它。任何一个信差男孩都想得到这 10 美分，所以有时为了谁去送信的问题，我们会发生内乱。后来我想到了共享这些信件，到周末的时候再平分这些钱的办法，而事实证明这个想法很不错。实施共享信件之后，我们之间就再也没有发生过冲突。这是我在财务策划方面的第一次尝试，其成功让我很开心，这一方面也显示了我的机灵，聪明机灵的孩子总会引起英明的大人物的关注。

每个孩子都认为自己有权利享受那 10 美分的奖励，所以几乎所有的人都在糖果店里立了户头，有时他们会超支，特别是罗伯特·皮特克恩，虽然他满嘴都是糖牙，但这无法阻止他在糖果店里赊账。作为账务员的我是不会为他们买单的，我会及时通知糖果店老板，说我不会为他们负担任何债务。

第四章　安德森上校和书籍

虽然信使的工作让我过得很愉快，但是那时候我没有办法学习。首先，我没有足够的时间，每两天就会轮到一次值晚班，晚班要到晚上十一点左右，不上晚班的时候也要等到六点之后才下班；其次，我没有足够的钱，家里的经济情况不允许我把钱花在买书上。

幸运的是詹姆士·安德森上校决定要向孩子们开放他那藏书400册的图书馆，这让我们感到兴奋。我的朋友托马斯·N. 米勒跟我说，我不一定有权利去借阅图书，因为詹姆士·安德森的书只向童工开放。很快我给《匹兹堡快报》写了一封信，在信中我提到我们现在虽然不是在工厂从事体力劳动，但我们中的其他人以前也做过工厂的童工，所以我们也应该算作童工（关于"童工"的概念，这个图书管理员的解释是"一个在工厂干活的孩子"。卡耐基进行反驳，认为应该是"一切童工，而不仅是在工厂干活的"。）。很快我的努力获得了成功，詹姆士·安德森扩大了借阅的范围。这是我第一次跟媒体接触，我想作为投稿人我是成功的。

因为安德森上校的家跟我的好友汤姆·米勒的家离得很近，所以我很快就通过米勒认识了上校，并很快在他那里开始了我的借书生活。从此以后，我觉得上帝仿佛给我开启了一扇窗，这扇窗让我可以呼吸到外面的空气，让我的世界里充满了知识的阳光。每当我拿起书的那一瞬间，身上所有的疲惫都会神奇地消失了。在安德森的图书馆里我了解了麦考利的散文，拜读了包括我最喜欢的《美国史》在内的许多历史著作。但是那时候我还不太了解莎士比亚，我对他的崇拜是从古老的匹兹堡剧院开始的。因为安德森上校规定，每个孩子周六下午可以借一本书，读完之后再下周六可以再换一本书读，所以我每天都盼着周六的到来，这样又可以借一本新书了。

我的那几个哥们——约翰·菲普斯、詹姆斯·R.威尔逊、托马斯·米勒、威廉·考利都在安德森上校的图书馆借书。通过阅读我们所借的书籍，我们知道了该怎样做一个文明的人。这对我们这群孩子的成长来说是非常重要的，所以等我事业获得成功，也具有了一些名气后，我就为这位恩人在钻石广场立了一块碑，碑上是这么写的：

献给詹姆士·安德森上校，宾夕法尼亚免费图书馆的创始人。他每周六下午向童工开放书室，并亲自担任图书管理员。为这件崇高的事业，他奉献的不仅是书，还有他自己。立碑人安德鲁·卡耐基，是童工之一。当年，让年轻人拥有上进的知识和想象力的珍贵宝库就是这样敞开的。

当然，跟安德森上校为我们这些孩子们做的事相比，为他建造一个碑并不能代表什么，我也只是想以此来表达对他的感激之情。后来我也用金钱建造了许多公共图书馆，并捐助给了政府。我相信只要有一个孩子从这些图书馆里得到了他们想要的知识，那么我的努力就没有白费。

我想到了一句话——"小树不正，树木不直"，所以安德森上校的图书馆恰到好处地为我开启了知识的大门。通过读书，让我明白了一个道理：世界上没有不劳而获的事情，如果你想要获得渊博的知识，那么每个人都需要自己去认真学习。多年后，我骄傲地发现，父亲也曾在丹弗姆林创办过第一个流动的图书馆。

父亲及他的合伙人一起创办的这个图书馆从创办以来一共更换了不少于7次地点，开始图书馆是建在织布房的，后来就转移到了休息室，在转移的过程中他们所用的工具是围裙和煤斗。父亲和他的朋友创办的图书馆是他们镇上的第一个图书馆，而我则创办了迄今为止最近的一个图书馆。这也许是天意，但我情愿相信我是继承了我那善良、可爱的父亲的优良传统。

我当信差的时候，匹兹堡老剧院正处于繁荣时期，因为他们经理福斯特先生的电报都是免费的，所以电报员也可以免费观看。有时候我们这些信差也会得到这样的好机会，如果下午去送信就要在剧院门口一直等到晚上，这时候你跟他们说想到二层二排去看戏大都能得到允许。因为我们是轮流去给他送信的，所以我们几个都能得到这种机会。

在剧院里看戏，让我了解了荧屏背后的世界，虽然没有太多的文学色彩，但这足以让一个15岁的青年痴迷。在这之前我从没有去过剧院或者歌舞厅，而这种免费看戏的机会不仅让我欣赏了宏伟壮阔的场面，而且有时那精彩故事情节也会让我这个年轻人感动。因为大卫·麦卡戈、亨利·奥利弗、罗伯特·皮特克恩也是戏迷，所以我们四个都不允许任何一个看戏的机会从我们眼前溜走。

我对莎士比亚入迷是因为有一次我观看了最著名的悲剧演员之一——"狂风"亚当斯的表演。当时他演的是《麦克白》，他的表演让"麦克白"的角色深深地刻在了我的脑海里，我不费劲就记住了亚当斯所有的台词。戏剧的这种新鲜的表达方法深深地吸引了我，而莎士比亚也在同时抓住了我的心，从此我开始喜欢上读他的作品。

后来，我通过《罗英格林》认识了瓦格纳，并在纽约的音乐学院看了这部剧，这一次表演让我有了不一样的感觉，当时我对他并不了解，只是觉得他是一位真正的天才，是他让我找到了可以攀登的另外一座高峰。

有件事我想提一下，就是关于斯韦登伯格社团的事情。从阿尔格勒尼来的一百来号人组织了一个社团叫斯韦登伯格社团，我和父亲都加入了这个社团，但是主张"君子务本，本立而道生"的母亲并没有兴趣加入这个组织。一向尊重各种宗教且不赞成宗教纷争的母亲对这件事有自己的看法。

虽然在母亲看来斯韦登伯格条文及圣经条文都是虚无缥缈的，但是母亲却经常鼓励我去参加这些教堂和主题学校。可能是受父亲的影响，我对斯韦登伯格的学说非常感兴趣，而且我曾经对"灵感"的解释也让艾特肯姨妈赞叹不已。她以为我将来可以成为新耶路撒冷的一盏明灯。但是我逐渐产生的对神学理论的怀疑，让姨妈对我的期望逐渐降低了，但是她对我的关爱却没有丝毫减少。她对我的安得·莫里斯表弟始终抱有幻想，她认为表弟会受到斯韦登伯格的感染，但让姨妈感到伤心的是，表弟竟然参加了浸信会，就跟她的父亲一样。这件事对我的姨妈——一个福音传道者来说是一个不小的打击。

在斯韦登伯格社团小诗班的日子里我开始对音乐萌发了兴趣。我们经常会从观看过的宗教剧中精选出一些片段，并把它们作为教会赞美诗的插曲。我从内心深处喜欢这些音乐，尽管我的音质并不好，但是我那特别丰富的表情得到了唱诗合唱团团长的喜爱，我也因此成为了唱诗团的固定成员。我相信，尽管我经常不合拍，但是指挥科森先生一定会看在我那投入的表情份上而原谅我的。就这样练习了一段时间之后，我喜欢上了汉德尔的作品，而且完全掌握了宗教剧，这是一件非常让人高兴的事情。

虽然我所接受的音乐教育启蒙于唱诗班，但是我决不能否认父亲对我的影响。父亲那甜美的歌声，总能让我把自己置身于音乐的海洋中，被美妙的旋律完全吸引。受到父亲的影响，我对所有传统的苏格兰歌曲都非常熟悉，包括歌词和音调。但是遗憾的是我并没有从父亲那里遗传到他那副好嗓子，所以我对音乐的喜爱仅仅局限在热爱。

由于信使的工作比较繁忙，只有夏季两个周的假期，所以别的时间我都要在城市之间穿梭，来完成我的工作。我喜欢划船，所以在休假的时候我都会选择去俄亥俄州利物浦的姨父家跟我的表兄弟们一起在河上划船。我们有时会激情地快速划船，有时会放下船桨让小船自己在河里浮着，这一切都显得那么轻松、自由。冬天的时候我喜欢滑冰，在我家对面有一条河，冬天时会结出厚厚的冰。因为平时没有休息时间，所以我总想能够在周日去教堂之前到那里滑会儿冰。每当我周六晚上向父母申请时，总会得到肯定的答案，这让我非常兴奋。

如果是现在，几乎所有的美国家庭和英格兰家庭都会这么决定，但是苏格兰家庭却不是这样的，他们认为周日应该去画廊或者博物馆，让自己放松下来而不应该去做一些不合理的事情。但是在四十年前我的父母就会允许我去滑冰，这说明他们具有开放的思想，不仅如此，读一些与宗教无关的书或者散步都是我们在周日会做的事情。

第五章　电报公司

我们楼下办公室的经理约翰·P.格拉斯上校是一个具有政治抱负且很受公众欢迎的人。我在那里做信使将近一年后，他就开始频繁地跟公众接触，因此经常会离开办公室，这时候他总会叫我下来帮忙照看一下。后来他不在办公室的时间越来越长了，而我对他的工作也越来越熟悉了。我经常会接收公众的来信，而且督促操作间的人安排好要递送的信件。

但是对我来说这份工作是非常艰辛的，因为信使们会责怪我没有完成本职工作，也会说我非常吝啬，从不舍得浪费一分钱。但是他们并不了解我们家庭的情况，我和我的父亲、母亲都比较节省，因为我们想为家里添置一点家具或者为家庭成员买件新衣服。每增添一件新的东西，我们就非常高兴，这就是家庭团结的力量。

为了早日还清善良的亨德森夫人借给我的钱，我的母亲用一只长筒袜把我们省下来的钱都攒了起来，每攒一个 50 美分就离我们的目标更近一步。当我们攒了 200 个 50 美分之后，母亲就立刻把这些钱寄给了远在丹弗姆林的亨德森夫人。我清楚地记得那一天，当我们还清了所有债务之后，家里每个人的脸上都挂满了轻松的笑容。我想亨德森夫人借给我们的钱是可以还清的，但是她对我们的恩情是我永远都无法还清的。当我回丹弗姆林时，我去看望了她，在我的记忆中她所居住的地方就跟神殿一样，而她也总是那么善良。

当信使的日子里，有一件小事让我始终忘不了，因为它具有让我瞬间感到快乐的力量。那是一个发工资的周六晚上，跟往常一样，我们排着队等待着领我们用辛劳的汗水换来的劳动成果。我也像往常一样站在了第一个，当我伸出手想接格拉斯先生递过来的11美元25美分时，格拉斯先生把我的手挡了回来，他把钱递给了排在第二个的孩子，然后依次地给他们发着工资。我的心开始慌了，难道这个月不给我工资了吗？难道我做错了什么？我的心里充满了疑问。当最后一个孩子也领完了工资后，我的心彻底沉了下去，我想完了，我可能要被解雇了，这是多么丢脸的一件事啊。但格拉斯的话却让我心里顿时乐开了花，有一种从地狱升到天堂的感觉。他对我说因为我的表现好，他们决定多给我发2美元25美分的工资。我当时高兴极了，思维也混乱了，不知道有没有道谢，我拿着他给我的13美元50美分蹦蹦跳跳地出了门。

我高兴的心情始终无法平复，我在阿尔勒格桥上来回地跑着、跳着（是在马车道上，因为人行道太窄了）。到家之后我跟往常一样向母亲交了11美元25美分。而对额外的钱，我并没有向母亲透露半个字，那时候的2美元25美分对我的价值比以后的百万还要多。

那时候我跟9岁的弟弟汤姆一起住在阁楼上，晚上睡觉的时候我悄悄地把这个秘密告诉了他。虽然他还是个小孩子，但是他知道这些钱意味着什么。我们两个一起勾画着未来，我第一次设想跟他一起做生意。我们要创办一家大公司，让父母都有自己的马车，我们当时所能想到的能够代表财富的东西也只有这些。因为有位苏格兰老太太把自己的女儿嫁给了一个伦敦的商人，当她的女婿邀请她去伦敦同住，并答应送给她马车时，她回答说，即使我在伦敦乘坐着自己的马车，但是我的朋友们看不到，这有什么风光的吗。而我们的父母就不一样了，我们可以让他们在匹兹堡乘坐着自己的马车，当然也可以让他们回到故乡——丹弗姆林去炫耀。

第二天早上吃饭的时候，我拿出了那2美元25美分，我看到了父亲自豪的眼神和母亲骄傲的泪水。在他们看来这不仅仅是2美元25

美分，而是我进步和成长的证明，他们也为我感到自豪和骄傲。我也被他们感动了，流下了幸福的泪水。以后获得的所有成功和尊重都没有像这一次一样让我的内心如此震撼。

信使每天早上都要打扫操作室，而在操作员到来之前我们就可以练习使用发报机。很快我就学会了操作按键，并经常跟另外一个接收站里同样想要练习发报技术的孩子进行对话。

当一个人刚刚学会做一件事就会千方百计地想要去实践它，我也不例外。我总想亲自接收电报。有一天早上，一个很强的信号正在呼叫匹兹堡，我想那边的人肯定非常着急，于是我试着答复了他们。原来是费城想要立即送一个"死亡消息"到匹兹堡，他们询问我是否可以接收。我跟他们说如果慢一点的话我可以接收。接收完电报之后我飞快地跑了出去，焦急地等待着布鲁克斯先生诉说我今天早上所做的一切。值得庆幸的是他并没有责怪我，而是表扬了我，并提醒我以后再接收的时候要小心一些。从这以后，当操作员有事的时候他就会让我过去帮忙。

这个懒惰的操作员经常会让我帮他干活，当时要把信息记在纸带上，然后再读给那个抄写员。当我听说西部有个人学会了听声辨音的方法之后，我也很想学会这种方法。我的同事马克伦先生也非常擅长这种用耳朵接电报的方法。在他的鼓舞下，我也坚定了学会这种方法的信心。有一天操作员不在，我正在替他接收电报，但是那个老抄写员不喜欢我的冒失，他不愿意替我抄写。我拔掉了纸带，用耳朵来接收电报。当老抄写员特内·休斯看到这一幕时，他一定不能相信自己的眼睛。我的这一举动彻底改变了他对我的看法，从此以后我跟他成为了无话不说的好朋友，他也很高兴为我抄写。

没过多久，在格林堡的操作员瑟夫·泰勒想请两个星期的假，要找个人去接替他。布鲁克斯问我是否愿意去，我给了他肯定的答复。很快我乘着邮政的专车来到了离匹兹堡30英里的地方。跟我同行的还有大卫·布鲁克斯先生跟他的妹妹。这是我工作以来第一次出差，我无法掩饰愉快和兴奋的心情，我为能欣赏这个国家而感到高兴。在格林堡酒店用餐时，我觉得这里的食物非常美味可口。

当我到达格林堡时他们正在挖沟筑渠，准备修建宾夕法尼亚铁路。每天早上走在路上我都可以看到这个工程的进度，但让我没有想到的是不久之后我竟然也参与到了这项工程中。

因为这是公司第一次交给我这么重要的任务，所以我格外认真地收发着每一封电报。有一天晚上，外边下起了大雨而且还伴随着剧烈的狂风，但我并没有因此而切断电源，因为我的心里总会有些不舍。我仍旧守在电报机旁，等待接收各地发来的电报。突然一个闪电击中了我的身体，我从椅子上倒了下来，这道闪电差点要了我的小命。我永远都不能忘记这道闪电，从此以后每当有闪电的时候我都会特别小心。两个星期之后我圆满地完成了任务，并得到了上级的认可。我是带着荣耀回到匹兹堡的，回去不久之后我就得到了提升，成为了一名操作员。当时缺一个操作员，于是布鲁克斯先生就给当时的电报局总裁——詹姆斯·D.里德发电报推荐了我。里德先生回复说："如果你觉得'安迪'可以胜任的话，我也就不会反对了。"后来我跟里德成为了很好的朋友。得知我被提拔为电报员后，我简直高兴坏了，每当我想到每个月可以领 25 美元的高薪后我的心里就乐开了花。我从来没想到我会赚这么多钱。那一年我 17 岁，结束了学徒期，我在心里跟自己说："我已经不是小孩子了，我现在是一个男子汉，每天可以赚一美元了。"我非常感激詹姆斯·D.里德先生的提拔。(他认为我很招人喜欢，尽管还很小，但是可以看出，我精明能干。虽然跟他工作了还不到一个月，但已经恳求学习发报了，是一个具有天赋的好孩子。)詹姆斯·D.里德先生也出生在丹弗姆林，40 年后，我帮助他成为了美国驻丹弗姆林的领事。

我认为电报公司的操作间就是一个学校，在这里我可以用铅笔和纸来尽情地创作。在这里我也用到了小时候学到的那些关于英国和欧洲的历史知识。我想知识总是能在你不经意的时候发挥作用的。我们所有任务中最具挑战性的一项就是接收从莱思角发过来的国外信息，因为我对这个工作比较感兴趣，所以不久之后这项工作就由我来负责了。

因为设备有限，而且经常会有暴风雨，所以接收到的信息往往是不完整的，经常需要自己进行补充。那时候我总会凭借自己的猜测去填写漏掉的字母，而大多数情况下这些猜测都是正确的，因为对于国外的新闻，即使出现一点小错误也不会产生重大的影响，所以我的猜测能力得到了大家的一致认可。虽然这种猜测有时会浪费很长的时间，但与此相比我更不愿去打断那边发信的人。那时候我经常会了解国外的一些事情，所以只要知道开头一两个字母，我百分之八九十能猜对电报的内容。

那时候匹兹堡的报社每天都要派专门的记者去电报公司转载新闻快讯，后来几家报社就联合起来指派一个人来。他跟我说如果我能多复制 5 份给他的话，我每周就可以得到 1 美元的外快，这样我每个月的工资就涨到了 30 美元。这是我第一次为媒体服务，同时我也为每周从他那里得到的 1 美元的丰厚报酬感到高兴。因为工资高了，我家里的生活条件也慢慢地得到了改善，有时候我会有即将变成百万富翁的感觉。

"韦伯斯特"在当时的匹兹堡是最著名的协会。我跟我的 5 个铁哥们为了能够进入这个协会，私下里先在菲利普先生父亲的房间成立了一个辩论会，但这并不是我们专属的地方，白天也会有人在那里干活。最近汤姆·米勒还说我有一次对"司法官该不该由人民选举"讲了一个半小时，但我觉得他肯定是记错了。不久之后我们非常荣幸地加入了"韦伯斯特文学社"，这对我们几个年轻人来说是一件值得骄傲和庆贺的事情。

加入"韦伯斯特文学社"对我的人生起着决定作用。我认为加入这个协会比在任何协会中学到的东西都要多，经过一段时间的锻炼，我可以在辩论中用到以前读过的很多著作，而且具有清晰的思路。而在这个社团中的锻炼也让我在演说中总结了两个原则，一是你就是你，不要把自己当成别人；二是要尽量放松，做到就跟在家跟别人谈话一样。

　　经过一段时间的练习，我终于可以彻底脱离按键，而只靠自己的耳朵来接收信息。因为能够掌握这门技术的人很少，所以很多人会专程来欣赏我的这一绝技，我也因此而小有名气。有一次洪水把从施托伊本威尔到惠灵之间的整个电报联络系统都毁坏了，信息无法正常接收。在这时我被派到施托伊本威尔去接收发到这里的所有信息，并且每隔一两个小时乘小船把急件送到惠灵，再把惠灵的急件带回施托伊本威尔，以此保证两地信息的畅通。我就这样忙碌地工作了一个多星期的时间。

　　正当我在施托伊本威尔工作的时候，我的父亲说要到惠灵和辛辛那提去卖台布，于是我提前到码头等他，直到深夜父亲乘坐的船才向我驶来。当船逐渐向我靠近时，我发现节俭的父亲竟然坐在甲板上。我对父亲不坐船舱这件事非常恼火，我觉得一个好人不应该遭受这种罪，但是看到父亲那张善良的脸时，我的怒气化为了心酸。我平静地对父亲说他跟妈妈很快就能有自己的马车了，以后就不用受这种罪了。父亲平时是一个非常腼腆的人，他很少表扬自己的孩子，他总会把这些话都埋在自己的心里，因为他害怕说出来之后我会骄傲。但这次他没有控制住自己，激动地抓起我的手对我说："安迪，我为你骄傲。"我永远都忘不了父亲跟我说这些话时的神情。

　　我听到父亲的声音有些颤抖，我想他可能是为刚才的话感到害羞。他跟我道了晚安之后就催我快回办公室。我抬头看到父亲的眼里满是晶莹透亮的东西，在灯光的照射下，它们闪闪发光，我想这可能就是一个保守的父亲表达对儿子的骄傲时的表现吧。此时无声胜有声，也许这就是苏格兰人所具有的共同特征。这次相见父亲对我说的那些话一直在我的耳边回旋，每当想起来，我的心里就充满了无限的温暖。这次从西部回来不久之后父亲就去世了。父亲是一个沉默寡言而又非常博爱的人，他非常善良同时又热爱宗教和朋友。虽然他最后也没有加入任何一个教会，但是我觉得他的灵魂该升入天堂。

当我再完成任务回到匹兹堡后，我认识了宾夕法尼亚铁路公司在这个地区的负责人——托马斯·A.斯科特，他被誉为他的领域的"天才"。因为他要跟在阿尔图纳的总裁联系，所以晚上的时候他经常会来电报公司。说来也巧，每次他来的时候总是我在值班，所以我跟他的一个助理就非常熟悉了。后来那个助理跑来跟我说斯科特先生想让我当他的职员兼电报操作员。这名助理以为我不会同意的，因为那时候我已经是操作员了。但是我非常肯定地跟他说我想去，因为我不愿意总是呆在办公室里工作。

1853年2月1日，我正式成为了斯科特先生的职员兼电报操作员，斯科特先生给我开的工资是一个月35美元，我对他给我开的工资非常满意，因为我从没见过这么快的涨幅。因为当时宾夕法尼亚铁路公司并没有自己的电报系统，所以我们就将公用电报线接进斯科特先生的办公室，当电报公司不使用电报线的时候我们就可以自己用了。

第六章　铁路公司

我像鸟儿飞出笼子一样离开了电报公司的操作室。在担任斯科特先生的职员兼电报操作员的这段时间里我开始知道了什么是苦与甜的滋味；那时刚过 18 岁生日的我也知道了什么是卑鄙下流。

我很高兴在 18 岁之前遇到的都是好人，从他们的口中我从未听到过一个脏字。但是现在跟很多人一起办公的我仿佛掉到了粗人堆里，他们经常抽烟、喝酒、说脏话，这让我非常不开心。我极其讨厌这些跟我的本性和早年教育不符的事情。但是我的家依然是甜美温馨的，而且跟我的那些上进的朋友们在一起也让我感到轻松、自在。这段经历虽然不是那么美好，但用克塔斯哲学的观点来讲，这不一定是坏事，因为它让我对抽烟、喝酒、说脏话感到反感。

我的意思并不是说这些人本性卑鄙可耻，但当时铁路是一个新兴的行业，所以引来了不少以前从事河道运输的粗人，再加上我和斯科特先生并没有自己的办公室，要跟货运列车长、扳道工、消防指挥员在一起办公，所以在这里我见到了各式各样的人。既有我前面所说的粗俗的人，也有受人尊敬的年轻人。他们都对我非常友善，现在我偶尔还会听到一些关于他们的消息。

后来，情况有所改善，我跟斯科特先生有了自己的办公室。而也就是在这时候我犯了工作以来最大的一个错误。那天斯科特先生派我去阿尔图纳取当月的工资表和支票。因为没有通火车，所以我要连续翻过好几个山坡。经过艰难的跋涉，我终于到了阿尔图纳，那时候的阿尔图纳没有一点大城市的样子，商店正在建设，耸立在人们眼前的只有铁路公司建造的几座办公楼。我很荣幸第一次在那里见到了我们公司的总裁——罗姆贝特先生。当时他的秘书是我的朋友罗伯特·皮特，当然这是我向罗姆贝特推荐的。到后来跟我要好的几个朋友大都跟我一样为铁路公司效力了。

那天罗姆贝特先生邀请我跟他们一起去喝茶，听到这句话后我和罗伯特都不敢相信自己的耳朵，因为罗伯特平时是一个不好交际、严厉而固执的人。我支支吾吾地同意了，直到现在我仍然感到这是我莫大的荣幸。罗姆贝特先生跟他的夫人说我是斯科特先生的"安迪"，我当时很高兴他能把我归到斯科特先生的麾下。罗姆贝特夫人非常热情地跟我聊起天来。

第二天回匹兹堡的时候，我想把工资单和支票放在口袋里，但是我的口袋有点小，放不下这么大的东西，索性我就把它们揣在了怀里，我想这样也会比较安全一些。那时候我非常喜欢坐火车，特别是坐在火车头里，我决定先乘火车到郝利德斯堡——全国铁路线的交汇点。火车一路颠簸地行驶着，没过多久我发现揣在怀里的工资单和支票不见了，当时我非常惊恐，我想包裹肯定是刚才被颠簸的火车甩了出去。如果找不到那个包裹，我不仅会失去斯科特先生的信任，而且有可能会丢掉这份工作。

我深深地懊悔我为什么没有像保卫自己的尊严一样保卫那个包裹，我去找火车司机，希望他能够带我返回去寻找那个包裹。我非常感谢那位火车司机的善良，他把火车掉头，带着我一路巡查，终于在一条河流的岸边，发现了我那个浅棕色的包裹。当看到包裹完好无损地躺在那里时，我都有点不相信自己的眼睛。我心里想这下我有救了，不能再把它弄丢了，所以从拿到包裹的那一刻开始，我就紧紧地抓着它，一直到了匹兹堡。我犯的这个错误只有火车司机和消防员知道，当然他们也向我保证不会把这件事情告诉任何人。

这件事情过去很多年之后我才敢跟别人说当年我的疏忽大意。如果那天我的包裹被甩得更远一点，就会被那水深几英尺的河流冲走了。直到现在我还会想，假如那天我没有找到包裹，我现在会有什么样的前途呢。这次经历让我记忆深刻，当年那个包裹所在的位置深深地刻在了我的脑海里，我想无论什么时候我都会准确说出那个位置。有了那次经历之后，我认为应该多容忍一下年轻人，允许他们犯几个错误，即使是可怕的错误，也应该尽量原谅他们。后来每当路过那条河时，我仿佛都能看到那个包裹静静地躺在那里。它仿佛在跟我说："没关系，孩子！上帝会帮你的，但是下不为例！"

小时候我坚定地反对奴隶制度，尽管当时因为年龄的原因不能参加选举，但是我仍然非常积极地参加各种集会，而且特别拥护1856年2月22日举行的匹兹堡共和党第一次全国性的集会。那一天我看到了许多反对威尔逊、黑尔及其他议员的共和党领袖在街上游行。那时候贺瑞斯·格里利先生付出了很多的努力来鼓励人们把这个重要问题重视起来，并行动起来。我曾尝试着给他写过短信，也曾为《纽约论坛周刊》组织过近百人的铁路工人俱乐部。

我为我的作品能够在这个活跃的论坛上变成铅字感到高兴，并且把它当成里程碑式的一件事来看待。现在回想一下，用整个国家的内战来获得解放是非常不值得的，但这也是没有办法的一件事。我想要废除的不仅仅是奴隶制度，因为阻碍国家建立一个强有力的政府的还有松散的联邦制度和各州过高的权力。现在国家的制度是合理的，一切都在最高法院的控制之下，而法院的一切事务都是由律师和政界议员共同决定。我想如果结婚、离婚、破产、铁路监管、公司管理等都由一个部门管理也是非常方便的。（1907年7月，当我再读到此段的时候，我发现自己似乎有点先见之明，因为现在这些都成了眼下关注的焦点。）

不久之后，铁路公司就有了自己的电报线路，因此我们需要的操作员就越来越多了。大部分的操作员是先在匹兹堡办公室培训，然后再到各个地方去上班。当时我们的规模无法跟上飞速发展的电报业，所以需要增设更多的电报部门。

1859 年 3 月 11 日，我派我从前的伙伴大卫·麦卡戈出任了电报局部门的主管。后来我们两个人因为雇佣女孩来当操作员，而被认为开创了美国铁路行业雇佣女孩来当操作员的先河。这一批女孩当中就包括我的表妹玛丽亚·霍格小姐，她是匹兹堡货运站的操作员，她不仅自己工作突出，而且还带了一帮学徒。事实证明，女操作员要比男操作员可靠得多，而且在所有的工作岗位中，我想操作员是最适合她们的一个岗位。此外，我们还把女孩安插在各个岗位当学徒，并且给她们安排合适的职位。

因为斯科特先生是一位非常和蔼的上司，所以大家都愿意亲近他。我受他的影响比较大，在我的心中，他就是一盏灯塔，指明了我前行的路。我很高兴能有这样一位上司，我的预感告诉我，他不久之后会成为宾夕法尼亚铁路的总经理，没过多久，我的预感真的实现了。在他的帮助下，我慢慢地开始接触一些部门以外的工作。后来我帮斯科特先生处理了一件小事，也是因为这件小事我的职位得到了提升。

那时候还没有用电报来控制火车的习惯，但是我们经常要用电报来给火车发送指令。在宾夕法尼亚的铁路系统中并不是每个人都可以给火车发出电报指令的。除了主管本人之外，谁都没有这个特权。那时候整个铁路系统并不成熟，大家都不是很熟练，所以用发电报的方式来给火车发送指令也是迫不得已的一个办法。斯科特先生要全面负责整个火车系统的运行，如果出了故障或者失事，他晚上就要留在现场指挥，所以早上的时候他总是不能赶到办公室。

当时铁路是单线的，有一天早上东区发生了一起严重的交通事故，所以西行的特快客运列车就无法前行了。当时两个方向的货运列车都在轨道上停着，只有向东行驶的客运列车在旗手的指挥下慢慢向前移动。我知道他们已经在那里整整停了一个晚上了，可是当时斯科特先生并不在办公室，无法给他们发送"行车指令"。思考了几分钟后我决定给他们发送"行车指令"，尽管我知道如果出错，我将面临着什么样的命运，但是我经常帮斯科特先生写指令，我知道该怎么做，我相信自己肯定能够做好这件事。下定决心之后，我就坐在电报机前以斯科特先生的名义仔细地发送着指令，非常小心地把列车从一站调到另一站。当斯科特回来听说了这件事后就问我情况怎么样了。

说着他就来到我面前开始写指令，但那时候一切都已经正常了。所以我胆怯地用细微的声音告诉他我已经在上午的时候以他的名义发送了这些指令。然后给他看了这些指令、现在每列火车的位置、各个列车长的答复，并且跟他报告了每列火车经过的站点。他看了我一眼什么也没有说，只是平静地回到了自己的位置上。我不知道接下来会发生什么事情，我只知道如果一切正常，那我也就没有过失；如果出现了问题，所有的责任都是我的。我想他并没有想认可我的行为，但他也没有指责我。只是从那天开始，他每天早上都很准时地到达办公室。

我对自己这种冒失的行为感到不安，我甚至在心里告诉自己，以后再发生这样的事情，我绝对不能再擅作主张了。当然我也没有将这件事告诉任何人，大家都以为那天的指令是斯科特先生发出的。直到有一天，当时匹兹堡货运部主管弗朗西斯科思跟我说出了事情的真相，我也彻底改变了对自己这件事的看法。他跟我说事发当晚斯科特先生跟他说我以他的名义正确地发出了行车指令，而且如果我不那么做的话，他将受到惩罚。弗朗西斯科思的这番话让我一直以来悬着的心一下子沉了下去，这意味着我以后还是要这么做的，而且从这以后所有的行车指令的发出大部分都由我代劳了。

不久之后我有幸认识了约翰·埃德加·汤姆森先生——宾夕法尼亚铁路公司的总裁。我们后来的钢铁公司也是以他的名字来命名的。跟格兰特将军一样，他也是一个沉默而保守的人。但我听说格兰特先生私下里跟朋友和家人在一起时是非常健谈的。而当他来视察的时候，一路上并没有停下来跟别人说话，仿佛大家都不存在一样，直到后来我才知道这完全是因为他的腼腆造成的。有一天他来到斯科特的办公室里跟我打了个招呼，并叫我"斯科特的安迪"，这让我受宠若惊，原来他早已听说了我调度列车的事情了。我想如果一个年轻人能够接触更高一层的任务，那么他离成功的目标也就还差一半的路程了。每个具有较高目标的孩子都应该做一些能够引起上司注意的事情，比如跟我一样做一些超越本职工作的事情。

不久之后，斯科特先生向罗姆贝特先生请假去旅游一两周，并申请让我代替他的职位。我想，把一个这么重要的任务交给一个当时才20岁的小伙子是一件比较冒险的事情。但这是我梦寐以求的机会，我很高兴他的申请被批准了。在斯科特先生不在的这段时间里，一切都正常地进行着，只有一件事情让我非常生气，那就是道岔列车的工作人员犯了一个很大的错误。在查明事情的经过后，我按照规定毫不留情地对他们进行了处理。我不仅把那个主要负责人解雇了，而且把另外两个相关人员也停了职。有人觉得这件事情我做得太过分了，于是在斯科特先生回来后向他汇报了这件事，并且希望他能够重新处理。虽然当时我确实觉得自己做得有些过分，但事情已经这样了，我不想再重新处理。在我的坚决反对之下，斯科特先生并没有重新处理这件事，我想当时他更多的是因为我那坚定的表情才对我的行为表示了默许。

现在回想起来，我当时可能确实做得有点过分，而斯科特先生担心我过于严厉的心情也是可以理解的。后来我当上这个部门的主管后，仍对当初被停职的两个人怀有深深的歉疚之情。时间告诉我们宽容的力量是伟大的，特别是对于初犯，轻微的处罚往往会得到更好的效果。遗憾的是我年轻的时候并没能明白这个道理。

随着年龄的增长，跟我要好的六个小兄弟们都不可避免地经历了身边的人的生老病死，我们也想找一个精神的寄托，而且受父母的影响我们对宗教都有一颗虔诚的心。这时候我们遇到了麦克米伦夫人，他的丈夫是匹兹堡长老会的教区长，所以在她的影响下，我们很快就加入了她丈夫的教会组织的活动。(1912 年 7 月 16 日，我再次读到这里的时候，收到了 80 岁的麦克米伦夫人从伦敦寄来的短信，信中提到她的两个女儿上周分别跟两个大学教授完婚了。她对这两个女婿都比较满意，在她的眼中他们是说英语民族的骄傲。)麦克米伦先生是一位非常谨慎、虔诚的加尔文教徒，而且特别严肃，跟他相反，麦克米伦夫人是个非常和蔼可亲的人，我们中的很多的人偶尔也会去她的教堂，因为跟她在一起我们总能得到更多的快乐。

有一天米勒听到了一个关于寓言神力的布道，这使我们对神学这个话题产生了浓厚的兴趣。米勒先生的教徒都是坚定的卫理公会派教徒。但是汤姆对这些教条一无所知，所有的这些语言，包括婴儿的咒语，都让他感到心惊胆战。谁都没有想到在布道之后汤姆居然在麦克米伦面前说："如果您所说的是对的，那么您的上帝应该是一个完美的神。"汤姆的这句话让这位牧师感到很惊讶，我们害怕从此之后再也不能受到麦克米伦夫妇的欢迎了。

事实证明我们的疑虑是完全没有必要的，麦克米伦夫人仍然像以前那样喜欢我们。她依然非常热情地欢迎我们的到来。尽管与神学相比，我们更信仰宗教，但是我们几个仍然冒着可能被驱赶的危险支持了米勒的布道。

不久之后，在我的伙伴中间发生了一件令人心痛的事情。约翰·菲普斯不小心从马背上摔下来，这一摔夺走了他年轻的生命。从此我们中间少了一个小伙伴。这对我们来说是一个不小的打击。那个时候我一直用自己的方法来安慰自己。我对自己说约翰只是回家了，回到了他在英国的家中。不久之后，我们也会回去，那样我们就能永远地跟他在一起了。我当时非常相信这是真的，我们还会再见面的。我想柏拉图的理论是非常正确的，不管在任何情况下，我们都不能放弃希望。在痛苦的时候想办法让自己得到慰藉是明智的。我想任何情况下都要让自己充满快乐，只有快乐地生活，才会得到丰厚的回报。每个人都不能忘记自己的责任，天堂就在我们中间，始终坚信"家是天堂"。每个人都不能忘记宽慰自己，让自己快乐起来。

　　斯科特先生把我的工资从每月 35 美元涨到了 40 美元，这让我们家的生活逐渐得到改善，家里的积蓄也在稳步增长。我的工作包括给别人发工资的任务，每个月我都会把领到的支票（我记得当时每月核算工资报表，拿去给斯科特先生签名，总共 125 美元。我想知道他是如何使用这笔钱的。我当时是 35 美元。）换成两个 20 美元的金币，因为我喜欢那金币沉甸甸的感觉和那金光闪闪的颜色。在我看来，它们就是世界上最美的艺术品，我总是对它们爱不释手。家里有了一定的积蓄后，我们决定冒险买一块地，包括地上建起的那两座小房子。首付是一百美元，总价是七百美元，我们付了首付。剩下的每半年交一次利息。在付清所有的钱之前，父亲突然生病了，并且病得很严重，1855 年 10 月 2 日我那善良而又不善言辞的父亲永远地离开了我们。那段时间，我、母亲和弟弟肩负起了家庭的重担，我们不仅要还买地的钱，还要还父亲生病时欠的钱。没用多长时间我们就还清了所有的债务，拥有了自己的土地和房子，唯一的遗憾是我的父亲并不能跟我们分享这份喜悦。我们一直住着其中的一幢，霍根姨妈和姨父住在另一幢里，但他们后来又搬去了别的地方。我很感谢艾肯特姨妈在我们刚搬来的时候为我们提供住的地方，现在我们可以把房子还给她了。后来我们要搬去阿尔图纳，而且霍根姨父也离开了人世，所以我们决定把霍根姨妈接回来继续住在这儿。

　　在父亲刚刚去世不久后发生了一件让我非常感动的事。当时我们斯韦伯格会的负责人——大卫·麦克坎莱思先生跟我们并不熟，除了周末打招呼外，并没有太多的接触，但是他却非常关心我的父母，而且也非常清楚我母亲平时的那些善行，跟艾肯特姨妈也比较熟悉。在我父亲去世后，他就跟艾肯特姨妈说如果我们需要钱的话可以跟他说，他非常乐意帮助我们。

我想当一个人不需要帮助，或者说有能力来回报别人的时候，可能会有很多的人来帮助他。但当时一个失去丈夫而且生活在另外一个国家的苏格兰妇女，带着自己一个刚刚开始工作、一个还未成年的两个儿子的生活肯定是比较艰难的。母亲的不幸遭遇得到了麦克坎莱思先生的怜悯。虽然母亲谢绝了他的帮助，但是滴水之恩，当涌泉相报，麦克坎莱思先生在我的心中占有非常重要的位置。他能够提出帮助就已经让我非常感激了，同时，我也相信，在这个世界上还是好人多。当你需要帮助的时候，肯定会有很多人会无私地给你提供帮助。他们的这些付出是不要求回报的，他们只是想帮助应该帮助的人罢了。

我是家里的长子，所以父亲去世之后，我感觉自己更应该担起家里的重担。那时候母亲仍然给人做鞋补贴家用，而弟弟仍然在一家公立的学校里读书。我也依然在宾夕法尼亚铁路公司上班。有一天，幸运之神为我打开了一扇窗户，我开始了人生中的第一笔投资。有一天斯科特先生跟我说，如果我有 500 美元的话他可以帮我做一笔投资，用这 500 美元去购买 10 股原属于威尔金斯堡车站代理雷诺兹先生的亚当斯快车股票。我当时肯定没有那么多钱，但是我不想失去这一次跟上司建立经济关系的机会，所以我跟斯科特先生说我可以凑到这笔钱。当天晚上回到家之后我告诉了母亲这件事，母亲仍像以前那样支持我，她决定用刚付清房款的房子去抵押贷款。当时住在东利物浦的舅舅是当地的一位治安法官，所以手中有一些农民投资的钱。第二天，母亲又坐着汽艇去了东利物浦找到我的舅舅补齐了我要的 500 美元。我把母亲给我的钱交了斯科特先生。但是我没有想到这次投资还需要额外的 100 美元作为押金，我很感谢当时斯科特先生能允许我在方便的时候再给他这 100 美元。

当时每月的红利要比现在多很多，再加上亚当斯快车是按月分红，所以很快我就得到了第一笔红利。那是一个晴朗的早上，我像往常一样走进了办公室，当我走到办公桌前时，一个白色的信封赫然躺在我的眼前，上面写着"安德鲁·卡耐基先生"。"先生"这个词让当时还是个孩子的我感到受宠若惊，我仔细看了看信封一角的邮戳，惊奇地发现竟然是亚当斯快车公司的圆形邮戳。我迫不及待地打开了信封，看到了我的第一笔红利。我永远都忘不了躺在信封里的一张纽约黄金交易所银行的 10 美元支票和"出纳员 J.C. 巴布科克"的亲笔签名。我第一次体会到了不付出劳动就有收获的兴奋与激动。我大声地喊道："有了，我找到了一棵摇钱树！"

周日下午我们几个伙伴像往常一样在小树林里聚集到一起。我们坐在大树下，开始谈论着这一周所发生的各种小事、大事。就在这时，我拿出了我的第一笔红利，他们非常惊奇并且表示从没想过这种投资的方法。经过一段时间的讨论，我们决定为下一次投资一起攒钱，多年之后再把这些股份分掉。

在这段时间里，弗朗西斯科斯夫人（她的丈夫是我们公司的火车代理商）多次邀请我去她在匹兹堡的家里做客，并且经常提到我第一次去他们家替斯科特先生传口信时的情景。他当时请我进去，因为害羞我拒绝了。她的家在第三大街，除了罗姆贝特在阿尔图纳的房子之外，她家的房子是我进去过的相当不错的房子了。在我的印象中，主干道的房子都是非常时尚的，特别是那个出入的大厅。我始终没有答应她的邀请，因为在别人的家里，我总是感到特别的拘束，直到现在还是这样。所以我一般不会去别人家做客，但有时斯科特先生会坚持要让我去他的住处，跟他一起吃饭，那样我就不能不答应了。

做一名编辑是我的理想之一。十几岁时，我曾在《匹兹堡日报》上发表过文章，而且那时候就已经是该报社的一个三流作家了。而《论坛报》和贺瑞斯·格林莱是我的目标，但是多年以后，当我买下《论坛报》之后，我竟然失去了早年的激情，发现其实这个报纸也并没有以前想象的那么光彩夺目。

当时我写了一个主题关于市民对宾夕法尼亚铁路公司的看法的文章，让我意想不到的是，它竟然发表在了《匹兹堡日报》上。因为我没有署名，所以当时的社长兼编辑罗伯特·M.瑞德并不知道这篇文章的作者是谁。所以宾夕法尼亚铁路公司的首席律师——斯托克斯先生就发电报给斯科特先生，让他查出这篇文章的作者。后来斯科特先生就把这个电报发给了我，让我去查。我意识到了这件事情的重要性，如果斯科特先生要求把手稿传给他的话，他肯定能认出那文章的字迹。所以我决定跟斯科特先生坦白这件事，当他听说作者是我之后，他也觉得有点不可思议。我的这篇文章受到了有身份且学识渊博的斯托克斯先生的赞赏。他非常欣赏我的才华，并且邀请我去他乡下的家里共度周末。这是我第一次在别人家过夜。斯托克斯先生的房子非常漂亮，我很喜欢那种金碧辉煌的感觉，在一个孩子眼中，那简直就像天堂一样。特别是他家的图书馆更是让人心驰神往，在图书馆里有一个夺人眼球的大理石壁炉，在壁炉的中间，一块大理石上刻着一本摊开的书，书上写着："不能思考是愚蠢，不愿思考是固执，不敢思考是奴性。"我非常欣赏这几句话，并且认为这几句话使整个壁炉都变得更加雅致了。当时我的心里就埋下了一个希望的种子，我希望有一天能够拥有自己的图书馆。（如今在基斯伯，我有了自己的图书馆。）很高兴这个周末我们相处得很愉快，并且成为了很好的朋友。

多年之后，已经升为宾夕法尼亚铁路公司在匹兹堡的主管的我，又来到了斯托克斯家中度过了一个周末。但是这个周末并不像上一次那么愉快。当时南方宣布分裂，我非常反对这种做法，并且支持使用武力。但身为民主党人的斯托克斯先生非常反对用武力统一国家，并且对此表示不满。这让我非常愤怒，我激动地对他说："斯托克斯先生，像您这样的人，我们将会在六周的时间里全部绞死。"他哈哈大笑起来。并且把在隔壁的妻子也叫了过来，跟她说道："看看这个年轻的苏格兰人，多坏呀，他要在六周之内，把像我这样的人全部绞死。

　　在这个不和平的时期，还发生了好几件非常奇怪的事情。但不久之后，斯托克斯先生就向我求助了。那时我是战地指挥部的秘书，主要负责政府的军用电报和军事铁路。斯托克斯先生想去华盛顿做志愿部队的一名现役少校，并且希望我能帮助他。不久后他接到了这个命令，这个曾经反对武力统一的人也拿起了自己的武器。当时人们都在讨论宪法的权力和旗帜的问题，如果旗帜被烧毁了，世界会一片混乱，那么宪法也失去了该具有的作用。英格索尔上校曾说过："美洲大陆上不允许有两面旗帜。"所以我们只能保留一面旗帜，这样宪法才具有应有的权力。

第七章　匹兹堡铁路主管

斯科特先生在 1856 年接替了罗姆贝特先生的位置，成为了宾夕法尼亚铁路公司的总经理。接到通知后，他带着当时只有 23 岁的我去了阿尔图纳。虽然离开匹兹堡对我来说是一个非常残酷的挑战，但是我想为了我的事业我可以克服一切困难。而且"跟随领导"本来就是我们下属应该做的事，更何况是斯科特先生这么和蔼可亲的领导，我又有什么可以犹豫的呢。我的母亲也一如既往地支持我，她希望自己的儿子为了更好的前途可以克服一切困难。

任何人的升职都会引起别人的不满，当然，斯科特先生也不例外。在他上任不久之后，就发生了一次罢工事件。当时斯科特的妻子刚去世不久，初来阿尔图纳的斯科特除了我之外并没有其他认识的人，所以他总是希望我能待在他的身边。刚到阿尔图纳的前几个星期里我们住在铁路公司的招待所里。后来他把孩子接了过来，才在那里安了家，并且诚恳地邀请我跟他一起住大卧室。可以看出他当时是非常孤独的。

罢工运动愈演愈烈，有一天，当我正沉浸在睡梦中时，一阵急促的敲门声把我叫醒了。来的人告诉我货运部的工人把列车扔在了米夫林，以致整条铁路上的火车都停运了。连日的劳累和焦虑，让斯科特先生疲惫不已，当时他正在醋睡，我真的不忍心叫醒他，所以决定自己去解决这件事。但他最终还是醒了，他迷迷糊糊地答应了我的请求。来到办公室后，我就以斯科特先生的名义跟他们谈判，让他们先回到工作岗位上去，明天给他们一个满意的答案。就这样，一切都恢复了正常。

这期间不仅列车员闹罢工，那些店员们也正在组织着闹罢工。但店员们的这次罢工，被我扼杀在了摇篮里，这完全要归功于我平时所做的一些力所能及的小事。

有一天晚上，我独自走在回家的路上，在暗处的时候我感觉到后边有人，所以停下了脚步。那个人快速走到我跟前跟我说千万不能让别人看到我跟他在一起。他来的主要目的就是要告诉我店员们正在组织周一罢工的签名活动。他之所以要冒着危险来告诉我这个消息，是因为我以前曾经帮助过他。当时他来到我们在匹兹堡的办公室，询问是否需要铁匠。我跟他说虽然这里不需要，但是如果他能稍等一下的话，我可以打电话问问阿尔图纳是否需要。在我的帮助下，他不仅得到了一张去阿尔图纳的火车票，而且也在那里得到了一份理想的工作。后来他把妻子和家人都接了过去，现在他们过得很好。他下定决心，如果有机会，一定要回报我。所以他今天冒着危险偷偷来地告诉我店员们准备罢工的事情。

第二天早上，我把这件事的全部都告诉了斯科特先生。我们想办法弄了一份签名者的名单，然后在各家商店门口张贴了通知，通知的内容是我们已决定把所有签名参加罢工的人都解雇，并请他们来结清工资。就这样，一场蓄谋已久的罢工运动，被我们扼杀在了萌芽阶段。店员们在惊奇的同时也逐渐地安稳了下来。

我相信好人自有好报，所以我经常会力所能及地帮助别人，像铁匠这样的事情我做过很多。有些在我看来是非常小的事情，往往会得到意想不到的回报。在路上走着经常会有一个陌生的面孔走到我面前说我以前曾帮助过他，当然这些事情也都是一些小事。例如在内战期间，我在华盛顿负责政府的电报和铁路时，我会让他们上火车，去看望他们受伤或者生病的儿子，或者是把他们的尸体送回家，亦或是其他的帮助。力所能及的小事做得越多，我的生活中就会有越多的幸福。

我终于相信了一句话，那就是"善行是无私的，做的好事越多，就越会感到甜美"。一个好人一生中的闪光点就是他细微的、不留名的、不图回报的德行和爱心。给别人的一点关心，一点安慰，会让自己感到快乐，让他人感到温暖。同时我认为帮助一个穷人，比帮助一个将来会在某一天回报你的百万富翁更具有意义。

一段时间后，发生了一件对本公司的诉讼案件。这起案件是由斯托克斯少校审理的。因为在这起诉讼案中我是主要的证人，他担心会让我出庭作证，所以斯托克斯少校希望我能尽快离开，同时他把本案推迟了。那时我的两个铁哥们——米勒和威尔逊正在俄亥俄州的克莱斯特莱思的铁路部门工作。我很高兴我可以去见他们了。我以最快的速度收拾好行李，搭上了去俄亥俄州的列车。当我怀着激动的心情坐在火车上期待着故友重逢的喜悦时，一个农民模样的人朝我走了过来。他手里拿了一个绿色的小袋子。他来到火车的最后一排，在我的面前停下，然后边拿模型边跟我说，他从司闸员那里得知我是宾夕法尼亚铁路公司总部的工作人员，所以想让我看看他手里的这个适合夜间行驶的车厢模型。开始时，我并不认为这个农民模样的人会有什么好的发明，但是当看到他拿出的卧铺车厢模型时，我当时就惊呆了，我觉得他的这个发明实在是太伟大了。我突然意识到了这件事情的重要性，于是答应他一定会把这件事告诉斯科特先生。同时我还问他如果有需要他是否愿意来阿尔图纳。

这个人就是著名的 T.T.伍德拉夫——卧铺车厢的发明者。他的这项发明大大地提高了火车在现代交通工具中的地位。卧铺车厢的事情让我迫不及待地想回到阿尔图纳。当我把这一切告诉斯科特先生时，他非常兴奋，觉得我做的是对的，并让我发电报给这个"发明家"。收到电报以后，他很快就来到了阿尔图纳，并与公司签订了合同。公司以最快的速度制造了两列这样的车厢来试用。当时这位发明者问我是否愿意入股这个新的项目，如果我入股的话将会得到百分之八的红利。

这让我感到很惊讶，当然我同意了他的建议，成为了他的合伙人。

两列车厢是分期交货，按月付款的。第一次付款时，我要出 217.5 美元，当时我决定向银行贷款，因为我坚定地认为这次投资肯定会有收益的。当我向当地的银行老板劳埃德先生说出了事情的真相，并请求他贷款给我时，他用手搭在我的肩膀上，然后微笑着告诉我他会贷款给我的，因为我是对的。

这张给银行家的借据是我的第一张借据，我很高兴他能借给我钱，而且这一次他真的帮了我很大的忙。火车运行得很好，每个月的红利都足够让我去分期付款。这次投资是成功的，而且也是我人生中赚大钱的开始。（今天是 1909 年 7 月 19 日，我最近还跟劳埃德先生的女儿联系过，她现在已经结婚了，有一个和睦的家庭。从她的口中我得知劳埃德先生至今仍然非常关心我，这让我非常感动。）

家里的情况得到改善以后，我把妈妈和弟弟都接到了阿尔图纳，我们又可以生活在一起了。我和弟弟都不想再让母亲一个人承担所有的家务，所以我们决定雇个佣人。这件事情遭到了母亲的强烈反对，她认为她有能力为两个儿子做所有的事，包括做饭、洗衣、铺床叠被、打扫卫生，而且她不能接受陌生的人住在自己的家里。但是雇一个仆人势在必行，我们不顾母亲的反对找了佣人。开始时我们只雇了一个佣人，后来又找了好几个，就这样，我们用金钱换取了他们的劳动。虽然我们的厨子可以为我们烧出可口的饭菜，但是永远都烧不出母亲的味道；虽然我们的佣人可以为我们叠整齐所有干净衣服，但是永远都叠不出浓浓的母爱；虽然我们的佣人可以为我们把所有的物品都归置好，但是永远都没有母亲摆得整齐、称心。

感谢上苍，让我在小时候没有保姆，也没有家庭教师。母亲的付出让我感受到了家庭的温暖和舒适，这也让我从小就对家庭产生了温情和依恋，也对父母怀有深深的感激之情。而从小生活在富裕家庭的孩子就不一样了，他们整天吃着厨子给他们烧好的饭，穿着仆人给他们熨烫整齐的衣服，他们根本不能体会父母的关心和疼爱，更不会懂得孝敬父母。童年和青年时代对孩子一生有着最重要的影响，所以孩子们最好在父亲和母亲的疼爱和呵护下长大。对于一个小孩子来说，父亲是严肃又认真的老师，智慧的顾问，合作的伙伴；而母亲则是细心的保姆，手艺高超的裁缝，和蔼的家庭教师，高尚的圣人，伟大的英雄。所以他们所抚养的孩子会继承这一切，这是富人家的孩子永远都无法得到的财富。

在母亲的眼中我永远都是一个需要别人照顾的孩子，所以她并没有意识到她的儿子已经长大了。我抱住我的母亲，诚恳地跟她说我现在已经不再是一个孩子了，而是一个顶天立地的男子汉，我可以为她创造一切她想要的幸福，我有能力让她享福了。而且现在的家庭生活方式也应该有所改变，首先，家里的布置要适合招待朋友们；其次，母亲现在应该去旅游、款待朋友、读书，再也不用去给别人做鞋，也不用做任何家务了。

虽然这个突然的改变让母亲非常不适应，但是她最终还是向我们妥协了，同意雇佣人。我觉得这是母亲第一次意识到自己的孩子已经长大了。我搂着母亲，再三向她恳求："亲爱的妈妈，您已经为我跟汤姆付出了一切，现在是时候让您享受生活了，从现在开始，我就是您的伙伴，我们互相为对方着想，不久之后，您就是一位拥有自己马车的贵夫人了。因此我和汤姆都希望您以后不要再为那些家务活操心了，所有的这一切都交给那个女孩吧。"

可能是我的话打动了母亲，不久之后她就开始跟我们一起拜访邻居了。虽然我的母亲并没有接触过上层社会的礼仪，但是她天生的优雅的气质就已经足够让她显得高贵了。而且母亲谈吐高雅、举止得体，在待人接物方面和判断力方面都很少输给别人。

在阿尔图纳的那段日子里，我认识了斯科特先生的外甥女——丽贝卡·斯图尔特小姐，那时她的任务就是帮助斯科特先生照料房子。

虽然她并不比我大几岁，但是她总在我面前扮演大姐姐的角色。当斯科特先生到费城或者别的地方出差的时候，我跟她就会驾着马车到树林中穿梭，一起游玩，她总能给我带来欢乐，所以我也喜欢跟她在一起。我们这种亲密无间的关系保持了许多年，1906年我再一次收到了她的来信，我感觉亏欠她太多了。虽然她成熟稳重，但其实她比我大不了几岁，而且总在我面前充当姐姐的角色。在我的眼中她就是一个完美的淑女，但是我们的生活差距太大了。后来她的女儿嫁给了苏塞克斯伯爵，不久后他们家也搬到了国外。（今天是1909年7月，我和妻子去年4月份去了巴黎拜访了我这位大姐，虽然她的丈夫已经去世了，但是她仍旧非常乐观，而且妹妹和女儿都过得非常幸福。虽然过去了很多年，但是我们之间的友谊仍旧没改变，可见年轻时的友谊是任何东西都无法代替的。）

在阿尔图纳工作了三年之后，斯科特先生又升职了。1859年，他被提拔为公司的副总裁，所以要去费城上班。听到这个消息之后，我的内心充满了矛盾，我不知道斯科特先生是否会带我一起去费城，但是如果不去费城的话，我将面临新的上司，这对我来说是个极大的挑战，因为我已经适应了在生活和工作上都听从斯科特先生安排的生活了，突然没有斯科特先生的指导，我真的不知道我将来的日子会怎样。

但是斯科特先生总会给我带来惊喜。他去费城跟总裁见了面，回来之后，他把我叫到办公室告诉我这一切都已成为定局，他马上要搬到费城去，而他的位置将由运营部经理伊诺克·刘易斯先生接替。我一直集中注意力，等待着斯科特先生宣布对我的安排。终于说完这一切之后，斯科特先生问我是否能够负责匹兹堡部门。当时只有24岁的我认为自己可以做好任何事，而且在我的心目中曾想过，将驾着快艇穿越海峡的约翰·拉塞尔勋爵作为我的楷模，我愿意去尝试任何事。所以我心目中的英雄——华莱士和布鲁斯又出现了，我大胆地跟斯科特先生说我能行。

斯科特先生对我很满意，他说："很好，匹兹堡的主管坡兹先生要调到费城的运输部了，我推荐你去接替他的位置。他现在已经同意给你这个机会，那么你想要多少月薪呢？"

"月薪"这个词语在我的脑子中不停地盘旋，我觉得这是对我的伤害，我根本不在乎钱，我重视的只是这个机会。于是我告诉斯科特先生我只重视这个职位，至于工资，我是不会在乎的，多少我都可以接受，而且不一定非要比现在的高。能够回到匹兹堡接替他的职位已经是我莫大的荣幸了。

但他还是给我加了工资。

那时我的工资是每月 65 美元。斯科特先生跟我说，他以前的工资是每年 1500 美元，而坡兹先生是 1800 美元，现在先给我每年 1500 美元的工资，如果干得好的话，以后还会再给我加到 1800 美元。

但事实上我根本不在乎钱的问题，所以我请求斯科特先生不要再跟我提钱的事了。我在乎的是将来我要独立负责一个部门，更在乎以后从匹兹堡发往阿尔图纳的公文上要签 "A.C." 而不是以前的 "T.A.S"。虽然这次升职还属于一个机密，但我仍然非常兴奋与激动。

1859 年 12 月 1 日，任命我为匹兹堡部门主管的公文下来了，接到命令的我开始准备搬家。虽然已经在阿尔图纳住惯的我们并不愿离开我们在郊区的房子和土地，但是一想到回到匹兹堡就可以见到我的老朋友时，我就不在乎那里又脏又乱的环境。因为在阿尔图纳的时候弟弟也学会了发电报，所以我让他作为我的秘书一起到匹兹堡上任。

我本来希望在这里可以大展拳脚，有一个非常完美的表现。但是事与愿违，这年冬天格外冷，导致列车效率低，总是不能满足运输的需求。并且因为天气太冷，行车缓慢，经常会出现拥堵的现象。为了加强铁路运输的安全性，我们把铁轨用铁链固定在了大石头上。那时候经常发生一些事故，让我惊讶的是有一天晚上竟然发生了 47 起。作为主管的我每天晚上都不能安心在家睡觉，我经常会在事故现场处理事故，或者在办公室发电报维持铁路正常运行，但我总是精力充沛，因为无论在什么样的环境中我都能睡着。有一次，我竟然连续奋战了八天八夜，我强烈的责任感和强壮的体魄一直支撑着我不停地工作，但是我当时根本没有意识到我的下属是多么疲劳，因为他们不一定有我这么强壮的体魄和良好的睡眠质量。现在想想我可能是一个最不体谅下属的主管。

随着内战的爆发，宾夕法尼亚铁路的需求量也大大提高了，我不得不组建了一个夜班。因为上司认为我不应该让一个列车调度员来代替我的夜间工作，所以并不批准我的这种做法。我并没有听从上司的命令，仍然按照自己的想法安排了一位夜班列车调度员，他也是宾夕法尼亚铁路系统的第一位夜班列车调度员，也许是美国第一位夜班列车调度员。

1860年我们回到匹兹堡后在汉考克大街（也就是现在的第八大街）租了一幢房子，并且在那里度过了大概一年的时间。那时候的匹兹堡污染非常严重，在现在看来是非常夸张的。大街上到处都弥漫着烟雾，刚刚洗过的头发、脸和手在室外呆一会儿之后就会变得很脏，空气中悬浮着很多黑色的颗粒，不时落在人的身上或者头发上，你无法不让你的皮肤接触空气，所以你也无法摆脱这些灰尘的污染。这让习惯了阿尔图纳舒适环境的我们非常不能忍受，我们决定到乡下找一幢合适的房子住下。正好这时公司货运代理人 D.A. 斯图尔特先生向我们推荐了在荷姆伍德的一所宅院，就在他家附近，我们很快就搬了过去。为了方便指挥工作，我还把电报线也接了过去。

荷姆伍德的环境深深地吸引了我们，在这几百英亩的土地上，不仅有茂密的森林、美丽的山谷还有一条潺潺的小溪，这一切都让我感到轻松、自然。在我们的视线中到处都是乡间小路，而且每户都有几亩、或者几十亩的土地。当然我们家的周围也有一大片土地和花园。

母亲非常喜欢这里的环境，她会在这里种一些自己喜欢的花，养一些鸡，或者走到门口时顺手摘一朵花别在扣孔里，这一切都能给她带来无穷的乐趣，也是在这里，我的母亲度过了人生中最幸福的时光。母亲非常爱惜这些花草，不允许我毁坏任何一棵小草，因为在她看来每一棵小草都是绿色的生命。有一次我也想摘一朵小花别在扣孔里，但是观察了许久之后，我也没有动手，因为我不想毁掉它们中的任何一朵。

许多有钱的人都会在宜人的郊区购买住宅，因此这里成为了一个贵族区。他们经常会举行活动，而作为年轻主管的我也经常会受到邀请，通过参加活动我结识了很多新的朋友。年轻人对音乐都有独特的爱好，所以我们经常会举行音乐晚会，每当音乐响起的时候，我的每个细胞仿佛都在舞蹈，这让我非常享受。同时在这里我也听到了许多以前从未接触过的话题，我给自己定了个目标，那就是凡是我所听到的都要立即学会，所以每次我都能学到很多新鲜的知识，这让我非常开心。

范德沃特兄弟——本杰明和约翰也是我在这里认识的，他们后来成为了我的好朋友，"亲爱的范德"是我"环球旅行"的密友，我跟范德一起去过许多地方。我们跟斯图尔特夫妇的关系也越来越亲密，成为了很好的邻居和朋友。最让我高兴的是我跟斯图尔特先生和"范德"一起合伙做了生意，也成为了生意上的伙伴。在这里有一座豪宅，它是所有有文化、有教养和有上进心的人的集会中心，可以堪称苏格兰的男爵府。这座豪宅的主人是宾夕法尼亚的威尔金斯法官，那时他已年近八十，高高瘦瘦，仍旧具有英俊潇洒的外表。不仅如此，他还是一个学识渊博、记忆力惊人、温文尔雅、才华横溢的人，在当地非常有威望。他的妻子非常漂亮、迷人，具有高贵的气质，是美国副总统乔治·W.达拉斯的女儿。跟他们住在一起的还有他们的女儿威尔金斯小姐、威尔金斯夫人的妹妹桑德斯夫人和她的孩子们。

我在这里非常受欢迎，这让我感到很高兴。我不仅会参加音乐会，还会参加手势哑谜和威尔金斯小姐的戏曲，参加这些活动，让我学到了很多新知识，而且生活也变得更加充实了。法官先生是个名流，1834年他曾跟从杰克逊总统访问俄罗斯，并与沙皇进行了交谈。所以有时当他想把一个问题说清楚时，他经常会说"杰克逊曾经对我说……"或者"我曾告诉惠林顿公爵……"等等。在这里我仿佛进入了另外一个世界，听到了很多新鲜的事情，学会了很多新的知识，同时跟他们家的交往也让我的思想和行为得到了很大的进步，让我不断提高对自己的要求，不断完善自己。

对于奴隶制是否废除的问题，我跟威尔金斯家庭有着截然相反的态度，这也是我们唯一不同的观点。我认为应该废除奴隶制，虽然在当时持这样的观点的人容易被看成是英国共和党的支持者。威尔金斯家庭却坚决支持南方，并且跟南方的贵族们有着密切的联系。有一次当我走进他们家时，我听到他们正在讨论一个严肃的问题。

威尔金斯夫人的孙子写信告诉家人说西点军校的指挥官强制他跟一个黑人坐在一起。威尔金斯夫人对此感到很恼火，她认为黑人不应该进西点军校，而跟黑人坐在一起简直就是一件羞耻的事情。后来她把头转向我，问我对这件事情的看法。

我说其实还有比这个更糟糕的事情，那就是黑人是被允许进天堂的。听完这句话后她沉默了一会，然后说这是两码事。

后来，威尔金斯夫人开始织一种阿富汗人的毛毯，虽然大家都问她这是送给谁的，但是她总是不肯告诉别人。几个月之后就是圣诞节了，亲爱的威尔金斯夫人把这件礼物包好，让她的女儿寄给当时在纽约的我，这是我所收到的最珍贵的礼物。能够收到威尔金斯夫人的礼物让我感到既兴奋又激动，我把这件礼物看做是一件神圣的物品，所以我一直珍藏着，虽然经常拿出来给我的好朋友们看，但是我一次都不舍得用。

冰雪聪明的莱拉·阿狄森也是我在匹兹堡期间认识的一个好朋

友。那时候她的父亲阿狄森医生刚刚去世不久，阿狄森夫人出生在爱丁堡，卡拉尔曾做过她的家庭教师。莱拉也曾经在国外留学，能讲一口流利的法语和意大利语。我很快就跟她们家混熟了。而且我发现跟她们这样受过高等教育的人在一起，不仅能够得到一种我从未得到的友谊，而且让我知道了自己与她们之间的差距。我觉得如果想要具有跟受过高等教育的人同样的举止和言行，我还有很多要学习的地方。但是我们都继承了苏格兰的气质，这又让我们紧密地联系在了一起。

在我的心目中阿狄森小姐是一位非常好的朋友，她把我看成最好的朋友，而且指出我的不当之处。我就像一块玉一样，任她细心地雕琢。在她的批评下，我开始注重自己的言谈，开始学习一些英国经典作品，而且直到现在仍然保留着这个读书的习惯。那时候我的穿着并不细致，整天穿着笨重的靴子，把衣领敞开，保持着一种西部独特的风格。我们不喜欢任何象征纨绔子弟的事物，有一天我们看到一位带着羔皮手套的绅士，后来他就成为了我们耻笑的对象。我们都渴望做一个真正的男人，而不是装模作样的人。来到荷姆伍德之后，我在穿衣打扮方面有了很大的改善，特别是在阿狄森小姐的指导下，我开始慢慢琢磨怎样才能成为一位绅士，怎样才能在别人面前更好地表现自己，怎样才能做到穿着得体。这一切都让我不断地进步，每天都有新的收获。

第八章　内战期间

　　1861 年，随着一声枪响，美国内战爆发了。身为陆军部长助理的斯科特先生立即把我召到了华盛顿，当时他的主要职责是负责运输部门的工作。他希望我能再一次成为他的助手，主要负责政府的军事铁路和军事电报，另外还要组织好铁路工人。这是非常重要的任务，特别是在战争刚刚打响的时候，这个部门是非常重要的。

　　当第一批联邦军队经过巴尔的摩时，他们遭到了袭击。这次袭击使巴尔的摩和安纳波利斯之间的铁路遭到了破坏，所以军团跟华盛顿失去了联系。我们知道在费城有一支通往安纳波利斯的铁路，这支铁路最终会与主线相交，然后到达华盛顿。在这个危急的时刻我跟我的铁路兵团发挥了作用，我们以最快的速度完成了这条铁路的抢修工作。当巴特勒将军和几个军团到达了这里之后，我们的铁路已可以承载重型列车，所以我们很顺利地就把他的整个军团送到了华盛顿，这让我们这群人非常有成就感。

　　当我们乘坐着列车返回首都时，我坐在第一节火车的车头里，仔细地观察着铁路附近的一切情况。当火车将要到达华盛顿时，我发现在前边不远的地方的电报线被一个木桩压住了。我想把那个电报线拉出来，所以让机车停了下来。当我跑到木桩那里时，我并没有发现电报线已经被拉到了木桩的一边。我伸手想去解开时，一根电报线弹出来打在了我的脸上。当时我感到身体失去了重心，然后倒在了一边，脸上被电报线割了一个深深的口子，我当时只觉得脸上火辣辣的，然后就有一股热流从我的脸上流了下来，我意识到我已经受伤了。但是我并没有因此而停下工作与战斗的脚步，我带着脸上的伤，把第一批军队顺利地带入了华盛顿。在我的印象中，除了在巴尔的摩被袭击受伤的一两个士兵之外，我也可以算是第一批为国家光荣负伤的保卫者了。在这个战争时期能够为这片土地做一些力所能及的事情是我莫大的荣幸，这段时间，为了保障与南方铁路运输的畅通，我放弃了所有可以休息的机会，没日没夜地奋斗在工作岗位上。

没过多久，我把指挥部驻扎到了弗吉尼亚的亚历山大（我到华盛顿的第一项工作是建立一个通向亚历山大的渡口，扩建从华盛顿的旧车站到巴尔的摩和俄亥俄州的铁路线，以便火车可以在弗吉尼亚通行。因此需要修建一座横跨波托马克河的长桥。在我和 R.F. 莫利的指导下，贯通华盛顿和亚历山大的铁路在短短七天的内完工了。）虽然我不愿提及，但是我又不得不说，那时不幸的布尔溪战役正在进行。我们接到通知要派所有的机车和车厢去前线把溃败的军队接回来。因为伯克站是离前线最近的一个车站，所以我们就被派到那里接运在战争中受伤的士兵们。在战争的时候，情况总是非常紧急，有个报告说反叛军已经离我们很近了，所以我们不得不关闭了伯克站。我和操作员搭乘最后一列返回亚历山大的火车。在离战场如此近的地方，时刻都会发生危险的事情。当第二天黎明到来的时候，我们发现有一部分列车员已经不知去向了。当然与其它部门相比，我们还算是比较安全的。火车上所有的人都处在精神高度集中的状态下。因为总有谣言说晚上会有反叛军打来，所以有几个胆子比较小的列车员和司机已经搭乘小船渡过了波托马克河，但是大部分的工人还是坚守在岗位上，特别是我们的电报员，没有一个擅自离开岗位的。

当我们回到华盛顿时，我们被安排在陆军指挥部的大楼里，跟斯科特上校一个办公室。因为我负责电报和铁路部门，所以经常会有机会见到林肯总统、苏厄德先生以及卡梅伦部长等重要的人物。当有紧急消息，或者需要回电时，林肯先生就会来到我的办公室。这是我莫大的荣幸。跟所有重要人物的接触，特别是私下里接触，让我感到非常快乐。

在我的印象中，林肯总统是一个具有显著特征的人，不管他是在深思，还是在演讲，或者兴奋时，他的眼中总是闪烁着智慧的光亮，而脸上也带着自信的光芒。这是林肯先生所独有的特征，所以不论是谁给他画像，都可以画得非常形象逼真。所以现在所有关于这位伟人的画像都是那么的真实。他不仅自信，而且非常和蔼，不管是对待苏厄德国务卿还是一位小小的信使，他总是那么和蔼可亲，谦虚恭敬。他的话语中总是带着对对方无限的关怀，他的每一个动作中都包含了他独有的魅力，他的每一句话都能赢得别人的心。他天生就具有一种独特的表达能力，可以把一件极其平常的事情表达得非常离奇，吸引别人的注意。我现在非常后悔当初没有把他这些古怪的言行记录下来。海先生对林肯先生的评价是"很难看出他身边的人是他的随从而不是他的伙伴，因为他们总是那么亲密无间"。的确，我也从未见过一个伟人能够像林肯先生一样可以与群众打成一片。他是一个标准的民主主义者，人与人之间的平等关系是他不懈的追求和永恒的信念。

1861 年，英国船只"特伦特"号的扣押问题让梅森和斯莱德尔大伤脑筋。如果扣押这艘船，就有可能引发一场战争；如果放行，就意味着会有一批战俘趁机逃跑。关于扣押与否的问题，内阁召开了专门会议。因为卡梅伦部长当时不能参加会议，所以斯科特先生以战事助理秘书的身份参加了这次会议。我觉得如果扣押船只，英国肯定会发起战争，所以想尽各种办法让斯科特先生认清这一现实。但当时斯科特先生并没有认识到国外的局势，仍旧主张捕捉战俘。会议结束的时候，我怀着万分忐忑的心情等待着斯科特先生从会场中走出。他看见我后告诉我苏厄德先生也认为扣押船只会引起新的战争，所以说服了林肯总统采纳了他的意见，但是为了得到卡梅伦及其他没有到场的人的同意，内阁决定第二天当着所有到场的人发布这一决策。为了让卡梅伦提前知道整个事情，并且赞成自己的想法，苏厄德先生决定邀请斯科特先生一起去拜见卡梅伦。事情进展得很顺利，他们成功地说服了卡梅伦同意他们的观点，反对抓捕俘房。第二天会议也得到了我们想要的决策。

那时候的华盛顿特别混乱，这种混乱是你无法想象的，而且也是无法用语言来描述的。总司令斯科特将军是一个年迈体衰的人，身体和思想都处于瘫痪状态。

那天我看到他的时候，他正在两个人的搀扶下从办公室走出来，穿过了人行道。这位曾经作过巨大贡献的老将军仍然是共和党的支柱。他的后勤部长是跟他一样衰老的泰勒将军。这些人都已经过了雷厉风行的年龄，一些常规的事情，他们只会循规蹈矩地进行处理，任何一件事情的决策都要花费很长的时间，这让跟他们打交道的人非常烦恼。为了开通电报线路，以使人员和货物通行，我们必须要跟他们合作，毫无疑问，这让我们非常恼火，任何一个重要部门都找不到一个年轻有活力的人，所有的事情处理起来都那么缓慢。

我听说海军部也是这样的情况，虽然没有亲身经历过，但是我相信那是真的。起初海军只是一支在编的部队，所以并不是特别重要的部门。所有的内部人员基本保持不变，只有部门的领导偶尔的变动或者某个领导要退休了才会去寻找他们的接班人。耽误生产，国家是很着急的，而耽误了政府规定的一个高效的武器生产，国家更是着急，但是命令从如此混乱的机构中发出让我感到非常惊讶和不可思议。

卡梅伦部长授权给当时已是上校的斯科特先生，如果是在非常紧急的情况下，我们操作员可以自行处理一些事情，没必要非得到战争部长的官方批示不可。所以，我们获得了很大的特权，工作起来也更加努力了。那个时候我们铁路部门和电报部门都发挥了非常重要的作用。虽然卡梅伦部长富有才干，办事效率高，但是在其他人的反对声中，林肯不得不撤掉了他的职务。当然明白整件事情的人都知道，倘若所有领导都跟卡梅伦一样，很多灾难是根本不会发生的。他是一个能够抓住事情关键的理智的人，但却被其他无才能的人的言语挫败了。

卡梅伦希望别人叫他洛其尔，他喜欢别人这样叫他，同时他还是一个多愁善感的人。当90岁的洛其尔来到苏格兰看我们时，坐在马车前排的他被美丽的山谷打动了。他把帽子从头上取了下来，光着头走完了一路。他对政府官员选举的事情有自己的看法，他认为让参加选举的官员自己提名是非常不明智的，可以说是错误的。在谈论这个话题的时候他还说到了林肯总统第二任期的事情。

那时候洛其尔住在位于宾夕法尼亚州的哈里斯堡附近的家里，有一天他突然收到了林肯给他发的一封电报，电报的内容是让他赶紧去华盛顿跟总统见面。

见面之后，林肯跟洛其尔说："所有看重我、支持我的人都认为我应该去参加下一届的选举，而我只有这样做才是真正的爱国，才能真正地保卫国家。因为在他们看来我是唯一一个可以挽救国家的人。亲爱的洛其尔，你知道吗，我现在是多么的愚蠢，连这样的话都会相信。那么洛其尔，你觉得我现在该怎么办呢？"

洛其尔说："28年前我曾遇到了相同的事情，那时候我刚在新奥尔良度过了十天愉快的假期。回到华盛顿之后，杰克逊总统跟我说了您所说的那些话。我告诉杰克逊总统最好的方法就是让其中的一个立法机构保证指挥官在这个混乱的时间里不能离开岗位。我相信如果一个州这么做了，那么其他的州肯定会跟这个州一样去做的。我们选定了哈里斯堡，充分的准备加上不懈的努力让我们很快就成功了。而且就像我们想象的那样，其他的州也都同意了。当然，正如你所了解的，我的这个方法让他如愿连任了。"

听完这番话后，林肯总统问洛其尔是否还想像以前那样做，洛其尔心里清楚自己跟林肯太亲密了，所以推荐了他的朋友福斯特来做这件事情。林肯总统同意了。

洛其尔让他的朋友查阅了杰克逊总统当时的决心书，得到这份决心书后，他们两个人对它进行了加工，加入了一些新的内容，然后发了出去。就像以前一样，这次选举又取得了成功。当天晚上当他来到华盛顿总统会客厅时，拥挤的人群把整个东屋围得水泄不通，洛其尔根本无法走到总统的跟前，幸亏林肯总统比较高大，他一眼就发现了他。他高声地喊着："今天又有两个州通过了杰克逊和林肯的决心书。"然后伸出两只戴着白手套的胳膊，仿佛要拥抱上帝。

这件事情非常有意思，因为它不仅为政治作出了贡献，而且同时让两个在不同年代的总统连任成功的人竟然都是洛其尔。这两位相隔28年进行选举的总统所遇到的情况大致是相同的，而且结果也是一样的。正如一个纪念仪式上解释如当选时说的一样："一切都是注定的。"

格兰特将军一直都在西部，所以直到我离开华盛顿都没有在那里见过他。但是当他去华盛顿或者是从那里返回来的时候都会在匹兹堡逗留。我曾经在火车上碰到他两次。因为当时火车上并没有餐车，所以我两次都把他带到匹兹堡去吃饭了。他真的是一个相貌平平的人，倘若让你在人群中挑选杰出的人，那么我敢保证最后一个被选的肯定是格兰特将军。我还记得陆军部长斯坦顿跟我说过一件关于格兰特将军的事。那时格兰特带着他的部将到西部去考察，当所有的人走进斯坦顿的车里时，他无法判定哪个是格兰特将军，所以他把所有的人从上到下打量了一番。虽然他不能确定哪个是将军，但是当看到格兰特将军时，他心想，这个肯定不是将军，但事实上他的判断完全错了。（今天，读到这里时，我又笑了，我觉得这一段的描述是非常真实的，因为我跟他打过很多次交道，而且我可以肯定他真的就是那么其貌不扬。）

内战期间，大家谈论最多的话题就是各位将军的战略战术以及人事安排。虽然我以前曾经在陆军部工作过，对斯坦顿部长和整个战争局势都有一定的了解，但是格兰特将军毫无顾忌地在我面前谈论人事安排和军事战略的事情仍然让我感到很吃惊。

有一天，他说："我现在要去西部作必要的安排，因为总统和斯坦顿先生都希望我能去负责东部。"我告诉他我也是这么想的。他说他准备让谢尔曼接替他的职位，虽然这样肯定会让国民大吃一惊，但是他相信谢尔曼是最佳人选，而且托马斯很快也会认同的。实际上西方已经做得够好了，他们的目标就是向东部推进。

格兰特将军就这样把他的战略计划说给我听，吃惊之余，也让我对他产生了崇拜之情。我从没有见过像格兰特将军这样直爽而不矫揉造作的人。他的这种直爽，是连林肯也无法比拟的。我很高兴能够认识他，并且跟他成为朋友。他是一个让我感到自豪的朋友。跟充满活力与激情的林肯相反，格兰特将军是一个喜欢安静而又慢条斯理的人。他观察敏锐，能够抓住问题的关键，在跟别人交谈时总是习惯用短句，说话的时候也不注重"方法"，但是这并不意味着他是一个沉默寡言的人，他有时会侃侃而谈，特别是表扬自己下属的时候，他总会滔滔不绝地说一堆赞美的词语。

格兰特将军还是一个善于听取别人意见的人。内战时期，格兰特将军在西部指挥着军队，他没日没夜地酗酒引起了下属的不满，私底下大家都在议论他的这个不良嗜好。他的参谋长罗林斯大胆地跟他说了这件事，并且希望他能改正。听了参谋长的话后，格兰特将军若有所思，然后夸赞参谋长是他真正的朋友，在他看来只有指出他错误的朋友才是真正的朋友。

从此以后，他改掉了酗酒的毛病，而且多年之后仍然滴酒不沾，这是我所见到的戒酒最彻底的例子。有一次我去了格兰特在纽约的家中，并且看到他把酒杯推到了一边。这个小小的动作让我对这个人产生了无限的敬仰之情，因为有很多的人尝试过戒掉某种不良嗜好，但是他们最终只能坚持几年，几个月或者几个星期，像格兰特将军这样能够彻底戒掉的，我还是第一次见到。

后来格兰特当上了总统，但是他两袖清风的作风只有他的朋友们清楚，大多数的人并不了解他，更有甚者指控他贪污受贿，这种指控是我无法忍受的。一个因为自己的工资无法支付国宴的花销而取消国宴的人是不可能贪污的。而且我非常了解他的为人，在他第一届任期结束之后，他并没有属于自己的半点积蓄。所以当第二任期年薪从 2.5万美元涨到 5 万美元时，他开始尽力节省。这时在欧洲竟然传出他从高官的任命中受贿的谣言，虽然所有美国人都不会理会这种荒唐的言论，但是这件事情仍然在别的国家中引起了议论。

现在的英国并不同意实行民主制，因为在他们看来实行民主共和的美国政府存在着腐败，如果他们也实行民主的话，那么也会产生同样的问题。如果让我对这两块陆地进行评论，我会毫不犹豫地说君主国进行贿赂用的不是美元，而是公开的、赤裸裸的贿赂。在我看来如果一个新民主共和国里有一个腐败分子，那么旧的君主国就会产生十几个。两个国家的官员的贿赂都是正常的、理所当然的，只是形式不同罢了。

1861 年，我被召到了华盛顿。开始我以为战争马上就要结束，和平就要到来了，但事实上情况并没有我想象的那么乐观，我们仍然需要作好打持久战的准备，战争不是短时间内就能够结束的。因为宾夕法尼亚铁路公司不能离开斯科特先生，所以政府决定派我回到特别需要我的地方——匹兹堡。因此我们把总部设在了华盛顿，然后各自又回到了自己原来的岗位上。

连日的操劳让我的身体吃不消。从华盛顿回来之后不久，我就生病了，而且病得很严重，我拖着病体处理了一些必要的事情后，就回到家里休养了。那次生病是美国夏日的高温造成的。有一天下午，正在弗吉尼亚铁路线上巡查的我突然就像中暑了一样，觉得全身热得受不了，我赶紧躲到了阴凉处，但是那稀疏的阴凉并没有降低我体内的温度，我仍然有一种被烤焦了的感觉。（这么多年以来，一到夏天我都会躲到高地去，因为医生建议我要避开美国炎热的夏季。）

这次生病后，宾夕法尼亚铁路公司总部同意我请长假修养。我第一次有充足的时间回到苏格兰。1862 年 6 月 28 日，27 岁的我带着母亲和我的铁哥们汤姆·米勒一起回到了苏格兰。当抵达利物浦时，我们马不停蹄地回到了我魂牵梦绕的故乡——丹弗姆林。每靠近苏格兰一步，我的内心就会越激动，当踏上苏格兰的土地时，我再也无法抑制自己内心的激动了。我是多么想跪倒在它的面前，亲吻它。母亲也异常激动。当她看见那熟悉的金雀花时，她不禁叫出了声音，而且眼泪也顺着她的脸颊流了下来。我无法安慰她，因为越安慰，我们就越激动。

我们怀着这种激动的心情回到了丹弗姆林。这里所有的一切都让我感到熟悉，但是跟我记忆中不同的是，它们都变小了，不像我脑海中那么高大了。我们终于到达了劳德姨父的家里，在那个老房间里，我看到了小时候见到的一切，他们都保持着原样，但是个头好像比原来缩小了。

在我的印象中，那条海尔街是跟百老汇相差不大的地方；而姨父的商店也跟纽约的公司一样繁荣。特别是小时候总会在星期天去玩耍的土坡，如今也不再像房子那样高，这里就跟小儿国似的。现在的一切都显得那么矮小，仿佛一伸手就可以触摸到我出生时那所房子的屋檐。小时候，星期天除了去镇上的土坡玩耍之外，我们还喜欢到海边去散步、捡海螺，但是现在我才发现原来从这里到散步的地方也只有三英里的距离，而沙滩上已经没有了海螺，有的只是一片浅滩。在我的梦中经常出现的学校，也是我唯一的母校，我记得我曾在操场上做游戏、赛跑，现在看起来它真的很小很小。布鲁姆霍尔、福德尔，特别是多尼布里斯尔的音乐学院在我的印象中是多么宏伟的建筑，但是现在看起来它们也是那么渺小。后来我去了一次日本，在那里我发现他们的房子跟我家乡的一样小。

所有的一切都变小了，连同我曾经战斗过的摩迪街头的那口老井。但是宏伟壮观的大教堂和峡谷没有让我失望，它们还是那样高大壮阔，而且塔顶上"罗伯特·布鲁斯国王"几个大字依然醒目地刻在上面，就如我记忆中的一样。大教堂的声音也没有让我失望，听到第一声钟声后，我就有种找到了家的感觉，儿时的所有记忆也在我的脑海中不断地翻腾着。所有的一切又像童年时那样高大了。多年不见的亲戚们对我们也非常热情，特别是夏洛特姨妈，她的女儿和女婿在海尔街开了一家店，在她看来开店是贵族的象征，而且能够在海尔街上做生意就说明身价很高了，所以她认为像她女儿和女婿那样就已经是事业有成了，所以她预言我将来也会回去在海尔街开一家属于自己的店铺，这样我也就前途无量了。

因为我是家族的第一个小孩，所以姨妈们都抢着照顾我，她们跟我说了许多童年的趣事。夏洛特姨妈也时常照顾我，她说每次喂我时需要用两个勺子，因为每当大人把勺子从我嘴里拿出来时，我就会哇哇大哭。还有一个姨妈说我比较早熟。而后来成为了我们钢铁公司主管的琼斯船长跟我说小时候我"长着两排牙，两个嗓子，比谁都吃得多"。也许是这个原因，后来我工作的时候，也喜欢增加产量。

父亲经常会教给我一些至理名言，其中的一些名言就在我的肚子里生根发芽了，一直伴随着我长大，指导着我的行为。我记得小时候有一次我活学活用了一条名言，并且让父亲感到无话可说。那时每次去海边散步都要走三英里的距离，而幼小的我无法自己走这么长的路，所以父亲总是要背我一段。有一次，当我们走到一个陡峭山坡时，父亲跟我说让我下来自己走，我当时真的不想自己走，突然我的脑海中闪现了一条至理名言，于是我理直气壮地跟父亲说不要泄气，男子汉就要有耐心和毅力。听完我的话后，父亲哈哈大笑起来，他觉得这是在自讨苦吃。他不得不继续背着我前行，我想虽然我没有从他的背上下来，但是他肯定觉得我这个负担一下子轻了不少。

我亲爱的劳德姨父不仅仅是我的姨父（他热爱自由，在美国内战那段黑暗的日子里，在所处的圈子里，只有他支持林肯的事业），而且是我的老师、向导，他几乎把知道的一切都教给了我，当我 8 岁的时候，他就企盼着我能够成为一个浪漫、爱国而且有理想的人。虽然我现在长大了，已经不是孩子了，懂得的内容也多了，但是劳德姨父仍然在我心中占有重要的地位，而且这个位置是任何人都无法取代的。现在我们仍然一起散步，一起聊天，而他依然像以前一样叫我"奈格"。

　　这次旅行始终像是在梦中一样，我始终无法入睡，因为内心的激动一直没有得到平复，后来又得了重感冒，引起了发烧。这次生病真的很严重，我在姨夫家躺了六个星期。当时苏格兰的医学跟法律一样不讲人情，所以我被放了血。这让本来血就少的我更难恢复了，直到离开苏格兰的时候我仍然没有完全恢复。幸好在返回美国的途中，我得到了很好的休养，使我回到岗位上之后可以积极投入到我的工作中去。

　　当我回到公司时，我被他们的欢迎仪式深深地打动了。我从没想到自己能受到这么隆重的欢迎。工人们都聚集在一起，当我的列车经过时，礼炮齐鸣欢迎我的到来。这是他们第一次有机会欢迎我。平时我非常关心他们，让他们感觉到温暖，所以他们都很爱我，希望能够有机会回报我的好心。我坚信好心肯定有好报，如果你是真心关心别人，那么别人也会真心回报我们。

第九章　建造大桥

由于战争的原因，铁的价格暴涨到每吨 130 美元，当时甚至到了有钱也不一定能买到铁的局面。在这种情况下，美国的铁路部门也开始面临着短缺钢轨的危险。于是 1864 年我在匹兹堡组建了一个专门生产钢轨的工厂。当然我在资金和寻找合作伙伴方面并没有遇到丝毫的困难。在这个工厂里，我还建造了鼓风炉和在当时比较先进的加工厂。

当时美国铁路不仅面临着钢轨短缺的困难，还面临着急需火车头的局面。我再一次决定自己开办加工厂，于是 1866 年我和托马斯·N. 米勒（几年前我也与米勒先生合伙做过一小笔铸铁生意。）一起在匹兹堡开办了机车制造厂。我们的机车制造厂在全国都享有盛名，所以需求量极大，开办工厂的事业获得了极大的成功。1906 年这家公司的股票简直就像神话一般，那时候公司 100 美元的股票就可以卖 3000 美元。公司的经营理念就是"要做就做到最好"，我想我们做到了，而且做得很好。

那时候大街上的桥基本上都是木制的，从没有人意识到这种材质的桥会有什么不足。直到有一天，宾夕法尼亚铁路线上的一座非常重要的桥被烧毁了。这次事故导致交通中断了 8 天。这件事情让我意识到修建铁桥的必要性。我记得在阿尔图纳时，H.J. 林维尔曾为宾夕法尼亚铁路公司修建了一座小铁桥。于是我邀请他和宾夕法尼亚桥梁的负责人——约翰·L. 帕珀和他的助手希福勒一起来匹兹堡跟我创建造桥公司。同时我还邀请了在宾夕法尼亚铁路公司的老朋友——斯科特先生，他很愉快地答应了我。于是我们五个人每人负担 1250 美元。当时我的那一部分钱是从银行贷的。虽然现在看起来，那些钱并不算什么，但是"不积跬步，无以至千里"，任何事情都要从小事做起。

就这样，1862 年帕珀—希福勒公司正式成立了。第二年，我们的公司并入了吉斯通桥梁公司。因为宾夕法尼亚州又可以称为吉斯通州，所以我觉得吉斯通桥梁公司这个名字非常合适。随着时间的推移，大家开始注意到铁桥代替木桥的必要性，所以我们的公司有很多工作要做，而且我们所需的钢铁货源也非常充足。只要给匹兹堡的钢铁制造商写个字据，就可以得到大量的钢铁材料。我们当时用木头搭了几个小房子作为制造桥的车间，我们先用铸铁来建造桥的主体结构，凡是我们所修的桥都有着很高的质量，虽然多年以来有无数的重型车辆经过，但是它们仍旧保持原来的模样，根本不需要改建。

当时有一个非常棘手的工程，那就是在施托伊本威尔的俄亥俄河上建一座铁桥。现在看来，这是一个非常容易的工作，但是在当时从没有人这么做过。我们也不知道是否可以成功地在跨度为 300 英尺的海峡上建一座桥。虽然大家都在迟疑，但是我仍然说服合伙人签下了这份合同。就这样我们开始了这项极具挑战性的工作。我们用当时在美国很少见到的熟铁做了桥梁和桥墩。有一次铁路公司的总裁朱艾特先生来视察我们的工作，他为我们所使用的那些铸铁感到惊讶，他无法想象那些与他们一样材料的铸件可以有这样的用途，他更没有想到火车可以在它们上面通行。事实证明我们是明智的，直到今天，我们所造的这座桥依然保持着原样，仍旧支撑着所有火车的正常运行。签下这个合同的时候，我们以为这次可以大赚一笔，但是令我们意想不到的是就当我们即将竣工的时候，美国发生了通货膨胀，我们没有赚到一点儿利润。但是宾夕法尼亚铁路公司的总裁埃加德·汤姆森知道这件事后，拿出了一笔额外的钱来补偿我们的损失。我们非常欣赏这位追求公道的人，尽管他是宾夕法尼亚铁路公司的签约人，但是他相信法律的条文远远不如法律的精神重要。

　　我、林维尔、帕珀、希福勒是最好的合作伙伴，我们在一起工作非常愉快。林维尔是工程师，技师帕珀积极主动的个性正好可以与希福勒的沉着稳重相互补充。在所有人的眼中帕珀上校都是一个怪才，汤姆森曾经说过他宁愿派帕珀一个人去修桥，也不会派一个工程队去。因为帕珀的脾气比较急，当我们讨论一件事情的时候，他有时会非常激动，这时候我们只有一个办法让他平静下来，那就是跟他谈论他最喜欢的马。一旦我们谈论有关马的话题，帕珀就会忘掉刚才所有的一切，全身心地投入到这个新的话题中去。在他非常疲惫的时候，我们也会以让他帮忙挑马为由令他放松一下。而且除了帕珀之外，我们也不会相信其他人挑马的能力。但有时候他也会为他这种狂热付出代价，有一天他穿着撕裂的衣服，拿着马鞭来到了办公室，当他走近时，我发现他的半边脸上都是泥。原来马的一根缰绳断了，他从那匹肯塔基快马的背上摔了下来。

　　除了帕珀上校之外，我还认识一个天才，那就是圣·路易斯的伊兹船长，我们是在建桥的时候认识的。虽然伊兹船长是个非常具有想象力的人，但是由于缺乏理论知识，他所设计的方案总是不具有可行性。有一次，我把他设计的圣·路易斯桥的方案拿给林维尔先生（美国最权威的专家）看，看完之后，林维尔先生非常抱歉地跟我说按照这种法案所造的桥是无法立起来的。于是我让他在见到伊兹船长时委婉地说服他修改这个方案，同时不要让别人知道这件事。

　　正如我所想的一样，事情进展得非常顺利，而且帕珀上校对船长也非常客气，毕竟这是一个大项目。当他们见面时，帕珀总会叫船长"伊兹上校"，而且每次都是帕珀上校主动跟船长打招呼。但是时间长了之后，帕珀发现自己根本无法满足船长的各种要求，而帕珀上校跟船长打招呼时，用的称呼也变成了"伊兹船长"，后来直接变成了"伊兹先生"，到工程快要竣工的时候，我们惊奇地发现帕珀竟然叫他"吉姆·伊兹"，我们知道帕珀上校对伊兹船长越来越不耐烦了。虽然他是一个非常具有才能和魅力的人，但是他的一些设计方案的确缺乏可行性。我想如果没有别人的科学知识和实践经验作为铺垫的话，他是不可能在跨度为500英尺的密西西比河上成功地建造起大桥的。

因为没有拿到全部的款额，所以我们不能把桥交给甲方。所以在大桥完工之后，我仍然需要在圣·路易斯多呆几天，这时我希望帕珀上校可以陪我留下来。上校撤掉了放在两端的铺板，并且安排好人员来监护。就在这时，上校非常想念家乡，急切地希望自己能尽快返回匹兹堡，所以他决定乘坐当天的班车离开这里。我顿时慌了，不知道该如何把他挽留住，我知道在这时候请求的语言已经没有什么分量了，于是我想起了用挑马引诱他留下来的妙招。他果然中招了，决定留下来帮我挑选送给我表妹的马，并且热情地给我介绍各种马匹的种类。经过反复的观察、试骑之后，他为我买了两匹很棒的马。但是买完之后我就开始思索了，该怎样把这两匹马送到匹兹堡去呢，用船的话，花费的时间太长了，但也不能用火车，突然我想到了刚建好的大桥，我知道上校肯定不会扔下这两匹马自己回到匹兹堡的，当时上校就成为了我心目中的神话英雄贺雷修斯。他是我最好的合作伙伴，同时也跟我一起守护了这座大桥。

在美国很多的造桥公司都宣布倒闭了，因为他们造的桥并不结实，不能承受强风的袭击，不能承受重型车辆的碾压，经常会发生坍塌的事故，从而造成不必要的交通灾难。但是我们吉斯通公司所造的桥却从没出现过类似的事故。原因只有一个，那就是我们严把质量关，使用的材料都是自己加工的铁和钢，所以我们建造桥时所用的材料都是相当坚固的，就如卡莱尔为自己父亲建造的桥一样，都是"诚实的桥"。当公司让我们建的桥设计不合理或者强度不够时，我们也会果断拒绝的。

保证质量就是保证成功。虽然刚开始工作的时候可能会非常艰难，但是当所有的人都认可我们的工作时，我们的工作就变得顺利多了。所以我认为任何一个企业都不要抵触质检员，因为他们会让我们生产出更合格的商品，也可以让我们每个人都做到最好。现在的商业竞争，表面看起来是价格竞争，实际上却是质量之争，如果质量不过关，不能诚实经营的话，永远都不能赢得顾客的信赖，也永远都打不赢这场商业战争。另外，一个公司的车间清洁、工具的精良等对公司的发展也起着非常重要的作用，我们不应该因为他们不是最重要的而忽视这些细节。

一位杰出的银行家的评语让我感到无比兴奋。他曾在匹兹堡参观了埃德加·汤姆森的公司，后来看到这些项目时，他对我们经理说这好像出自同一个人之手。

这的确是出自同一个人之手，这也是我们成功的关键。我始终认为质量是生产最坚实的基础，曾经有个人跟我夸耀说自己的工人们把第一位质检员赶走了，那时候我就觉得他的公司是不会坚持长久的。后来事实证明我是正确的。

自从开办桥梁公司之后，我就把大部分的精力都放在了这上面，而且还会亲自参加一些重要合同的签署。1868年，我和工程师沃尔特·凯特一起去了爱荷华州的迪比克，当时河流结冰，我们是坐着雪橇过河的。我们将在这里参加一个横跨密西西比河的铁路桥梁的竞标项目。因为这个工程比较大，所以我们都很重视。

在这次竞标活动中，我们主要的竞争对手是芝加哥桥梁公司。当时我们所报出的价格不是最低的，所以甲方已经决定与芝加哥桥梁公司签订合约了。在这个危急的关头，我争取到了一个见甲方董事长的机会。跟他们交谈一段时间之后，我发现他们根本不懂得铸铁和熟铁的性能，更不了解二者之间的区别。于是我耐心地给他们解释二者的差异，我说如果是用熟铁建造的大桥，当它遭到大船的撞击时也许就会弯了；但是如果这座桥是用铸铁建造的，那么它就会断了。而我们公司所使用的材料就是上乘熟铁，所以可以保证大桥的质量，而芝加哥桥梁公司所使用的材料是铸铁，所以他们建造的桥随时都有被撞断的危险。

当我说完这些话后，他们其中的一个董事——著名的佩里·史密斯讲了他的亲身经历，那天他的车撞到了根用铸铁做的灯柱，结果那个灯柱就断成了好几截，所以他非常赞同我的观点。他的这番话，让我的心里有了些许安慰，我知道成功不远了。

"只要多花一点钱，你们就能拥有一座坚不可摧的大桥。"我继续说道，"先生们，你们应该相信我，相信我们公司，因为我们从来不会因贪图便宜而建造质量不好的桥。凡是我们建造的桥都能够经受住风浪的侵袭和轮船的碰撞。"

听完我的话后，整个办公室都沉默了下来。甲方公司的总裁艾利森先生问我是否可以让他们单独商量一下。于是我安静地走了出来，在门口焦急地等待他们商量的结果。不一会儿，我又被叫了进去，他们问我能否再降几千美元，如果可以的话，他们就同意跟我们合作。我同意了，于是双方很愉快地签署了这份合同。我想有时候一件小事对成功会产生重要的影响，如果那根灯柱晚撞几天，那么我们可能就不能签署这份利润丰厚的合约，也不能获得修建迪比克大桥的资格了。通过这次合作，我认识了艾利森议员，他是美国最杰出的重量级公众人物，同时也成为了我终生难忘的朋友。

这份合同的成功签署让我明白了一个道理，不管怎样，如果你想签下这份合同，那么你一定要在现场。只要你能够跟投标人进行谈判，那么撞碎的灯柱，或者是其他的小事，都有可能成为你成功的关键。而且如果没有重要的事情，你要尽量等到拿到这份合同再回去。就如我签的这份合同，尽管投标单位建议我们先回去，但是我们情愿多在那里停留几天，亲手拿到合同，也不愿早早地回去，等待他们的邮件。当然，在迪比克的日子里，我们也可以尽情地享受这里的美景。

施托伊本威尔大桥建好之后，为了防止竞争对手宾夕法尼亚铁路公司占据有利位置，巴尔的摩和俄亥俄铁路公司认为应该在帕克思堡和都灵之间各修一条横跨俄亥俄河的大桥。在签订合同的过程中，我认识了巴尔的摩和俄亥俄铁路公司的总裁——加特勒先生，他也有苏格兰血统，后来我们成为了一生的好朋友。

虽然我们非常希望能够建造这两座大桥及其引桥，但是加勒特先生却断定我们不能如期完成任务，因此他希望应用我们的技术自己修建引桥和小桥段。我非常痛快地答应了他们使用技术的请求，我说能够取得巴尔的摩和俄亥俄公司的信任是我最大的荣幸，这比专利费还要珍贵 10 倍。

我的回答给这位铁路界的杰出人物留下了很好的印象，他不仅邀请我到他的私人房间参观，还跟我讲了一些他与宾夕法尼亚公司的矛盾。他还提到了他与斯科特先生和汤姆森先生的争吵。当然他知道我以前是宾夕法尼亚铁路公司的职员，而且与这些人保持着良好的关系，但是他仍然毫不避讳地告诉我这些事情。于是我跟他说："在我来这里之前，我见过了斯科特先生，当他知道我要跟您签合同时，他非常肯定地告诉我，您肯定不会把合同给我的，因为我以前在宾夕法尼亚公司工作过。但是我并不同意他的观点，我认为我肯定能拿到这个合同。"

听到我的话，加勒特先生立刻回答说，在他的心目中公司利益是最重要的，其他的根本都不是问题。当他知道我们的方案是最佳选择时，他并没有迟疑，而是果断地把这个项目交给了我们，这也可以向斯科特先生和汤姆森先生展示一下他做事的原则——利益至上。

虽然建造大桥段具有一定的风险，但是我们仍旧想修建整个工程中这个最难的部分，但是这次谈判并没有得到加勒特先生的许可，他仍旧希望自己来完成这个任务，他希望用我们的技术来建造那些高利润的小桥段。我终于按捺不住急切的心情了，于是鼓足勇气问加勒特先生是不是因为担心我们不能按时交工而把工程分作好几段，他承认了。我说这些事情是完全没有必要担心的，如果你把工程全部交给我，我愿意用自己的钱来支付保证金。我问他多少合适。加勒特先生相信了我，并且让我拿10万美金作为保证金。

加勒特先生说："我相信，为了这10万美金，你们公司也一定会按时交工的。"

这次谈判结束之后，我拿到了巴尔的摩和俄亥俄铁路公司的这个大项目，并且加勒特先生为我们提供砖石结构。虽然我拿10万美金作为保证金，但是我知道我们公司不会让我失去这10万美金的。我们的工程进度很快，在他的砖石结构完工之前，我们就已完成了两岸的上层结构。

可能是我们都具有苏格兰血统的原因，我们之间的关系随着时间的推移而更加亲密。我们在一起时谈到过伯恩斯和其他事情。后来我很荣幸地被邀请去他的家里做客。他的家非常豪华，非常气派，具有上流社会的风格，特别是有一种在这里很少见到的苏格兰贵族风格。他拥有几百英亩风景很好的土地，还有成群的良种马，许多的牛、羊、狗等。这里的一切都显示着它所具有的贵族气息。

后来巴尔的摩和俄亥俄铁路公司的业务量加大，于是他们决定使用贝西默的专利权，自己从事钢轨制造。如果事情真像他们想的那样进行的话，我们公司再也不能跟巴尔的摩和俄亥俄铁路公司合作了，这将是我们的一个巨大损失，所以我决定用一切办法阻止这件事情发生。而且我断定，如果他们所需要的钢轨数量很少的话，还不如从我们这里购买便宜呢。

当我找他去谈这件事的时候，他正准备去将要扩建的码头上视察，那时候他的对外贸易和航线发展得很顺利，国外的货物会先运到这些码头上，然后再转到火车上去。加勒特先生告诉我他们现在的业务量很多，所以需要自己制造原材料，也包括钢轨。

我说："加勒特先生，我看过你们去年的报表，去年的运送货物总量是 1400 万美元，但是这对我们来说只是一个小数目，我们公司自己上山挖材料，然后自己生产，所赚利润是非常高的。"

我很感谢自己在宾夕法尼亚铁路公司工作过，那时候的工作经验在这时派上了用场。我成功地说服了加勒特先生放弃自己提供原材料的想法，并且继续与我们保持着合作。我跟加勒特先生的友谊也一直保持到现在，我想这种友谊是毕生的财富。他曾经送给我一只亲自喂养的苏格兰牧羊犬。我们之间也并没有因为我曾是宾夕法尼亚铁路公司的职员而受到不良的影响，因为我们共同的苏格兰血统可以化解这一切的隔阂。

第十章　炼铁厂

我始终非常喜欢吉斯通公司，因为它是其他公司的母公司。但是它存在的时间并不长，因为熟铁比铸铁有优势。为了能够生产出质量更好的钢铁，我们决定组建一个炼钢厂。当时我和弟弟还有托马斯·N.米勒和安德鲁·克罗门对这件事都非常有兴趣，所以我们建造了一个小型的钢铁厂，后来亨利·菲普斯在1861年11月用800美元购买了六分之一的份额，也成为了这个小型钢铁厂的合伙人之一。

汤姆先生（对托马斯·N.米勒先生的昵称）是我们这个小型钢铁厂的先驱。一直以来我们都非常感激他。1911年7月20日他还健康地活在这个世上，随着年龄的增长，他的性格变得越来越温和了，甚至是对与他的宗教信仰相悖的宗教理论，他也不是那么激烈地反驳了。我们之间的友谊也如酒一样，愈久愈芬芳。（1912年当我再次读到这里时，我不禁流下了眼泪，因为亲爱的汤姆·米勒已经在去年冬天永远地离开了人世，我知道不管他去了哪里，总有一天我会追随着他去。）

在阿尔勒格尼，安德鲁·克罗门还有一间很小的锻钢厂，当我还是宾夕法尼亚铁路公司的职工时，我就已经发现他做事细致，是一个杰出的技工，他可以做出最棒的车轴。而且他认为凡是与机械相关的事情都要做到最好，在当时的匹兹堡没有人像他这么想过。在当时检测车轴使用期限并没有科学的方法，所以大家都不知道一个车轴能使用多长时间。但是只要购买安德鲁·克罗门所做的车轴就一定会用很长时间，因为他的德国思维模式总会让他把一切都做得尽善尽美。

安德鲁·克罗门总是那么聪明，能够发明很多东西，他在我们工厂的某个角落里琢磨着什么，后来他发明了能够准确切割冷铁的"冷锯法"，而且很快他又发明了专门用来制备桥链的镦锻机以及美国第一台"万能"机床。他发明的半圆形联轴节还解决了伊兹船长的燃眉之急。那时伊兹船长的工程陷入了停滞状态，因为没有圣·路易斯桥拱的联轴节。这时候克罗门站了出来，他跟我们说他可以做，而且还给我们解释了别人不能做的原因。聪明的克罗门真的成功了，这让我们对他更加充满了信心。

前面我曾提到我们家跟菲普斯家有着非常密切的关系，而我们两家的孩子们也有着非同一般的友谊。他们家的长兄约翰是我小时候的好朋友，而他的弟弟亨利后来也成了我的下属。他也是一个聪明的小伙子，总是能够想出一些好的办法。有一次他着急地向哥哥约翰借了25美分，约翰没问他原因就借给了他，结果第二天约翰知道了他的25美分花在了哪里。原来亨利用这些钱在《匹兹堡快报》上登了一则求职广告，内容是"一个任劳任怨的男孩期望得到一份工作"。

很快这则广告引起了很多人的注意。著名的迪尔沃斯和彼得威尔公司也看到了这则广告，他们给了这个小男孩一次机会，让他来公司面试。亨利在这里得到了一份跑腿的工作，而且每天早上都要打扫办公室。亨利成功地说服了父母在迪尔沃斯和彼得威尔公司开始了他的商海生涯。亨利不仅聪明，而且工作刻苦，很快就得到了老板的赏识，成为了老板得力的助手。而且不久之后还得到了本公司别的项目的分红。后来表现出众的亨利得到了安德鲁·克罗门的合伙人米勒先生的喜爱。我的弟弟汤姆跟亨利是好朋友也是同学，他们之间一直保持着友谊关系。直到我的弟弟在1886年离开人世，他们仍然是好哥们，而且进行过很多共同的投资项目。

亨利懂得如何支配自己的财产，所以很多年之后，这个曾经在报纸上求职，曾经替人跑腿的小男孩成为了美国最富有的人之一。许多年之前，他曾经在阿尔勒格尼和匹兹堡向公众们捐赠了漂亮的温室花园，但是他的要求是每逢周日这些温室花园必须开放。他的这个要求引起了牧师们的强烈反对，牧师们指责亨利对安息日的亵渎，但是所有的市民和市议会都支持亨利的要求，并且很喜欢他的这个捐赠。

当牧师们对亨利进行大声指责时，亨利并没有惊慌，而是很平静地跟那些牧师进行理论。他说："先生们，我知道你们的生活非常安逸，除了周日之外，你们每天都是自由的，你们可以尽情地游山玩水。但是普通人就不一样了，他们每周就只有一天可以放松自己，那就是星期日，难道让他们在这一天娱乐一下，放松自己的身心也是不正确的吗？"亨利的这些话让牧师们无言以对。

后来匹兹堡的牧师们为教堂是否需要乐器的事情争论不休，也许他们并没有弄明白他们的职责是什么，也不知道人们的生活中缺少的是什么。实际上人们早已去图书馆、博物馆或者温室花园享受周日了。如果牧师们仍搞不清楚人们需要什么，那么总有一天，教堂里会出现空无一人的现象。

不久之后克罗门和菲普斯因为生意上的原因跟米勒产生了矛盾，最终结果是米勒被排挤出了这个公司。我觉得这件事对米勒是不公平的，所以我跟他又在别的地方新建了一个工厂。而这个新的工厂就是1864年的独眼巨人工厂，后来的这家工厂以我们意想不到的速度快速地发展着。我当时认为应该把独眼巨人工厂与原来的工厂合并起来。于是在1867年我们完成了这次合并，成立了联合钢厂。现在想想当时我犯了一个错误，就是没有想过米勒是否愿意跟克罗门和菲普斯合作，虽然当时他们两个没有权利控股，也就没有权力排挤米勒，但是米勒仍然不愿意跟他们合作，他想让我买下他的股份。虽然我竭尽全力让他不要在乎以前的矛盾，但是他的爱尔兰血统让他始终坚持己见。我没有办法，只能买下了他的股份。我知道后来他也对自己的一时冲动感到后悔不已，因为作为我们公司前锋的他完全可以获得百万财富的回报，但是他放弃了自己的股份之后就失去了这个 机会。

当时我们对制造业并没有什么经验，独眼巨人占地 7 英亩，前几年我们也出租了其中一些土地，但是我们不知道炼钢厂是否有扩大场地的必要性，这些都让我们感到困惑。但是我们的工厂在铁梁制造方面和信誉方面是一直领先于其他工厂的。我们工厂善于冒险，喜欢做一些别的工厂不敢生产的产品或者是不愿做的产品，而且自始至终都把质量放在第一位。有的时候情愿自己吃亏也会让客户满意。当我们与客户发生矛盾时，我们会毫不犹豫地照顾双方的利益。

我们生产钢铁已经有一段时间了，慢慢地我们发现自己并不清楚各生产过程的成本。而且匹兹堡一些龙头企业的调查结果也是这样，很多企业在生产的过程中根本不知道自己是在赚钱还是在赔钱。有时候认为赔钱了结果到年底算账的时候，却发现自己的公司是盈利的；而有的公司认为自己是赚钱了，没想到年底算账的时候却发现自己的年终收入却没有成本多。虽然在当时所有的企业都处于这种状态，但是我觉得不能再这样下去了，一定要找到合适的方法来计算自己每项的花销与所得。所以我希望能够在工厂中推广一种会计方法，通过这种方法我也可以清楚地知道每个人都在做什么，谁做得好，谁做得不好。

因为这是一个新的会计方法，所以每个经理都不愿使用，但是我没有放弃。经过我多年的不懈努力，同时也在职员的帮助下，我最终得到了一份精确的账单，这时我可以知道每个部门在做什么，每个工人在炉边干什么。有了这种计算方法之后，每个职员都把工厂当作自己的家一样来爱护，大大减少了材料的浪费。

我们当时采用了在英国比较流行的西门子高炉。虽然它的费用比较昂贵，但是使用这种高炉为我们节省了一半的燃料。虽然很多保守的企业家并不赞成我们的这种做法，但是它真的是物有所值，虽然高炉本身的价格高，但是它节省的燃料已经可以为我们赚得很多利润。事实证明我们是正确的，很多年之后，美国的很多工厂也开始意识到这种设备的优势，并开始引进这种设备。

这种严密的会计方法让我们意识到改进炼钢过程的必要性，正当我们为这件事发愁时，克罗门的远亲威廉·伯恩特莱格为我们提交了一份反映这一段时间实行新方法的情况，这让我们很吃惊，也让我们对这个来自德国的小伙子刮目相看。我们并不知道他在做这个报表，可以看出他非常有才华，所以很快他就成为了我们的车间主任，后来也成为了我们的合伙人。这个贫穷的德国人在临死前已经成为了百万富翁。可以说他的财富全部来源于自己的勤奋和智慧。

1862 年，当所有人都对宾夕法尼亚的大油田怀有极大的兴趣时，我跟我的朋友威廉·科尔曼（他的女儿后来成为了我的弟妹）一同去了那里。在这里到处都是喜笑颜开的游客，他们都非常兴奋，仿佛伸手就可以拿到金子似的。这里就像一个露天派对，所有的人都显得放松、愉快。当然这些蜂拥的人群也使这里的住宿显得非常紧张，而且他们的马匹多得仿佛要撞开马厩，令人欣慰的是这些马都非常谦让，并无争斗的事故发生。在起重机的顶端飘着各式各样的标语，我还记得当时有条标语是"或者下地狱，或者发大财"。可见来到这里的人们都是非常现实的。

美国人良好的适应能力在这片土地上显现得淋漓尽致。这种混乱的局面只维持了几天，不久之后刚搬来的人就在这里组织了一支钢管乐队，并开始为大家演奏。美国人总是能以最快的速度适应环境，这是与英国人截然不同的地方。如果有一千个英国人来到了一个新的地方，那么他们就会选择这中间的一个最高阶级的人作为他们的领导。而美国人则不是这样，他们坚持有用才有价值，所以他们很快就能在新的土地上开办学校、建立教堂，进行一切文明设施的建设；也会组建乐队、印发报纸，进行一切文明的行为。

克里克油田周围吸引了不少人来此居住，现在已经形成了一个拥有几千人的小镇，而在油田的另一端的蒂图斯维尔也形成了一个小镇。以前这个地方是印第安的塞内卡人采集原油的地方，现在已经有了很多具有上百万资产的精炼厂。而采集原油的工具也不再是印第安人所使用的毯子。他们想出了新的办法，先把油装进一个有漏洞的船，然后用水把船舱灌满，这样原油就会从中溢出流到河里。河流的许多地方修了大坝，当洪水上涨的时候，油船就被送到了阿尔勒格尼河，最终到达匹兹堡。这种方法浪费了许多原油，从开采到最终抵达，原油的利用率只有33%左右。而且以前印第安人采集这种原油是当成药品销售的，1美元一小瓶，而随着这种开采方法的使用，原油的价格降低了，而其治疗风湿的功效也无人问津了。

我们发现最好的几口油田在斯托里农场，于是我们花了4万美元将其买下。当时科尔曼先生建议我们先开凿一个水池，因为这个水池不仅可以储存装好的石油，而且可以收集油船的废弃物。科尔曼先生预言总有一天石油会供应紧张，到那时我们把储存的石油按10美元一桶来销售，那么我们就可以得到100万美元。只是我们谁都没想到原油的供应总是那么充足，从没有出现过我们所期盼的状况，所以我们最终放弃了这一想法。

我们的这次4万美元的投资让我们得到了很好的回报，同时我们抓住了一个较好的时机。（从投资斯托里农场的油田项目中，每年可得到100万美元的现金，农场的身价倍增，股票值达到了500万美元。）我们用手头上所有的资金和在银行贷的钱在匹兹堡建了一个新工厂。

1864年我去了俄亥俄州的一个油田，那次跟我一起去的还有我的朋友科尔曼先生、大卫·里奇先生，我们的这次旅行给我们留下了美好而又深刻的印象。当时我们先搭乘火车来到俄亥俄州，然后来到了达克河区的一口油田，这里人烟稀少，但是这里出产的油具有较高的质量，可以作为润滑剂来使用。我们果断地买下了它。

在回去的路上我们遇到了很大的麻烦，因为在我们返回的途中突然下起了雨，所以我们不得不乘马车冒雨前行。不久之后，我们就无法前进了，因为雨水已经浸透了路面，所有的路都变得很泥泞。我们决定在野外露宿一晚。在瓢泼大雨中我们三个躺在马车里过了一夜，因为当时我比较瘦小，所以被夹在了两位绅士中间。我们不时地说笑、打闹让马车不停地颠簸。虽然没有豪华的床铺，也没有温馨的灯光，我们三个仍旧愉快地度过了这个不平常的夜晚。

第二天晚上，我们安全地到达了一个小镇，在那里我们找到了一家客栈。我们刚到那里就有一个议员说他们要准备集会，正在等我们参加呢。我知道在他们的心目中有名望的人的演说肯定更能激起人们的热情，所以他们希望我们能够参加这次集会。当时我们的样子都很狼狈，但是最终还是由我去演说，准备了之后，我就去了教堂，这是我平生第一次近距离地接触讲坛。

因为我的投资项目占用了我很多时间，所以我打算辞掉铁路公司的职务，在这之前，汤姆森总裁希望我能去阿尔图纳辅佐刘易斯先生，担任总裁助理。我跟汤姆森总裁表明了我的意向，我说我想发大财，但是这点工资很难实现我的梦想，而且我也不想用不正当的手段来实现自己的梦想，所以我决定离开公司。我并没有自己作决定，而是征求了大家的意见之后才最终作出了决定。

得到大家的支持之后，我给汤姆森先生写了一封信，他也在回信中热情地预祝我成功。1865年3月28日，我怀着无限的眷恋之情，离开了我热爱的铁路公司，也离开了我所有的职员。当我离开的时候铁路职员送给我一块金表，我一直珍藏着那块表，作为与铁路职员之间的纪念物；我也一直珍藏着汤姆森先生的那封回信，作为我对宾夕法尼亚铁路公司的回忆。

下面的这封信是我写给我的下属的：

宾夕法尼亚铁路公司
匹兹堡分部主任办公室
1865年3月28日于匹兹堡

致匹兹堡分部的全体员工

先生们：

在此离别之际，我无法用言语来表达不能与你们共事的遗憾。

我们在一起度过了12年的时光，在这12年里我们建立了深厚的友谊关系。我非常感谢那些跟我一起为公司忠实服务的人，很遗憾我以后不能跟你们在一起工作了。虽然我离开了，但是我敢向你们保证，我们的友谊不会因为我的离开而变得淡薄，它会更加浓厚。我希望你们能够快乐，而且努力为公司服务，因为我相信付出与回报是成正比的。

现在我要真诚地向你们表示感谢，感谢你们能够支持我的工作，同时我希望你们也能够一如既往地支持我的下任的工作。再见！

真诚的

安德鲁·卡耐基

我认为如果你没有控制公司的大部分股票，即使你是总裁，你也要受到董事会和股东的限制，你也永远是在为别人打工，要听命于别人，受到别人的制约。这种为薪水而工作的滋味是不好受的，所以我才决定离开了宾夕法尼亚铁路公司。但是在宾夕法尼亚铁路公司工作的12年的时间里我认识了很多朋友，而其中大部分人都是我这一生的挚友。

以前我曾跟我最亲密的朋友范德沃特先生一起拜读了《徒步旅行》，我们俩被拜亚尔·泰勒在书中描写的景物深深地吸引了。这时候石油的股价直线上升，我们都很开心，在一个周日的下午，在暖暖的阳光的照射下，我用"慵懒"的声音问"范迪"，如果他得到了3000美元是否愿意跟我一同去欧洲旅行，并且花光它，他很痛快地答应了我的邀请。当"范迪"投进石油股的几百美元变成几千美元时，我们就开始计划外出旅行了。我们还邀请了当时已很有财力的亨利·菲普斯一起到欧洲，我们走过了苏格兰、英格兰，观赏了这里的每个景点，游览了欧洲大部分国家的首都。我们背着行囊，征服了一座座高山，晚上就在山顶过夜，岩石就如一个温暖的大床。这次旅行很愉快，当我们来到最后一站——维苏威火山时，我们发誓在将来的某一天，我们还要背起自己的行囊，游览整个世界，让我们的足迹走过世界所有的角落。

这次旅行让我收获了很多，不仅开阔了眼界，而且陶冶了情操；不仅懂得了绘画和雕刻，还提高了音乐鉴赏能力。以前我从没接触过绘画和雕塑，更不懂得鉴赏，但是从欧洲回来之后我已经可以分辨出好的作品了。在伦敦水晶宫我们观赏了汉德尔诞辰庆典，我觉得这是音乐的最高境界了。罗马唱诗班、圣诞节和复活节教堂的庆典等都让我对音乐产生了一种热爱之情。

在欧洲旅行的这段时间里，我发现整个欧洲像我们这样的制造业企业除了少数几个国家的首都之外大都处于停滞状态，但是在美国一切都是欣欣向荣的局面，好像永远都不能满足美国人的需求似的，所以这给了我一个商业方面的启示。有时候我真的发现只有跳出这个国家的圈子，才会发现自己国家发展的速度是怎样的。

这时候我的表兄"多德"给了我很大的帮助，他带着科尔曼先生到英格兰的威根区，介绍了从煤矿的炭渣中提取焦炭的工艺。科尔曼认为工厂的废弃物丢掉是非常可惜的，应该回收利用，毕业于格拉斯哥大学的"多德"在1871年12月赞同了他的说法，并把这项技术介绍到我们工厂中。这时候我在宾夕法尼亚铁路沿线组建了几个工厂，并与宾夕法尼亚铁路公司签订了十年的运输合同，然后与几家比较大的煤炭公司签订十年协议来收购他们的煤渣。这时候"多德"也来到了匹兹堡，主要负责整个工艺的运用。在这期间这位机械工程师还成功地建造了美国第一台洗煤机。这不仅让他还清了所有的投资额，还让自己的名字变得家喻户晓。我想后来我的合伙人希望能够把这个焦炭厂归入我们集团旗下的目的也主要是为了得到"多德"。

我们的焦炭厂一直发展得不错，后来我们拥有了500座炼焦炭的炉子，每日洗煤量达到1500吨，每当看到这些炼焦炭的炉子把炭渣变为焦炭时，我就有一种变废为宝的自豪感，就如让原想生长一棵草的地方长出两棵草一样的神奇，我们把废弃的材料重新变成了燃料。我觉得这是对人类的一种贡献，而能够在美国开设第一个洗煤公司，又让我感到无比自豪。

后来我知道我在丹弗姆林的莫里森堂兄的儿子也在这里，而且他事先根本没有跟我打过招呼。一个偶然的机会，当我经过工厂时，一位主管问我是否知道自己的一个亲戚在这里工作，我说虽然不知道但是可以见一面，于是我见到了莫里森堂兄的儿子，我问他为什么来这里，他说在这里工作能过得好一点。而且告诉我之所以不来找我，是因为他觉得只要自己能做到的事就不必麻烦别人。这就是我们莫里森家族成员所具有的高贵品质，我对这个优秀的技工感到很满意，我知道他以后肯定能有很好的发展。事实证明我是正确的，他很快就被提拔为我们在迪凯纳新开的一家工厂的主管了。现在他已经身价百万、事业有成，而且仍然非常通情达理。（昨天刚收到他的来信，希望我和妻子在卡耐基学院的周年庆典之际能够顺便去他家做客。）

当时美国已经把对外国的进口关税进行了调整，特别是钢轨的进口关税已经达到了28%，也就是说每吨售价为100美元的钢轨要收28美元的进口关税。这是因为内战之后的美国决定靠自己的力量来发展自己，不再依靠外国进口，以前美国所使用的钢和铁大部分都是从外国进口的，从英国进口的数量是最多的，这让美国的经济不能得到很好的发展。现在调整进口关税后，美国国内对钢铁的需求量肯定会逐渐增大，而钢铁行业未来的发展前景是光明的，所以我建议我们的钢铁厂应该扩大规模。

美国实行的这种保护政策使国内的经济得到了很好的发展。在内战发生以前，主张自由贸易的南方一直反对实行只对北方有利的关税政策，但是现在关税已经成为了国家的一种政策，他们也不再为这个问题争论，而是认同了这一政策。国会中包括发言人在内，至少 90 个北方民主党派人士赞同这种政策，因为发展重要资源也是爱国的一种表现。

因为国家需要大量的钢铁，所以投资钢铁行业是一个很好的选择。许多年来一直有人要求降低关税，他们指控制造商贿赂议员。其实制造商只是每年要交几千美元用来维持钢铁协会的正常开销，有时为了反对自由贸易也进行过集资。除此之外，他们并没有交过什么钱。所以说那些指控大部分都是没有任何凭据的。

我自然也陷入了这场争论，在我的全力支持之下，钢材的关税由每吨 28 美元降到了每吨 14 美元或者是 7 美元。（而今 1911 年，关税也只有那时的一半。）克里夫兰总统希望能够修订威尔逊法案，从而实施一个更加激进的关税政策，这个政策将降低很多行业的关税，所以将关系到很多制造商的利益。当时我也被召集到了华盛顿来参加这个法案的修改，很多人都认为不应该如此大幅度地降低关税，所以反对威尔逊法案。参议院高曼以及纽约州州长弗劳尔和很多出色的民主党人都跟我一样支持适度的保护政策。在此期间高曼对我说他不希望我做出有损本国企业利益的事情，他说如果民主党议员支持大幅度降低关税的话，他和同僚们会支持我。

最终我支持的大幅降低关税政策顺利通过了，威尔逊—高曼关税政策被采纳了。后来当我又碰到高曼时，他说为了保护南方的几个议员他同意了钢铁免税。

内战刚刚结束的时候，我在钢铁行业的实力并不是很强大，所以没有资格参与确定关税政策。因此我能做的只是支持减税，即适度保护的原则。我非常反对关税越高越好的意见，也不支持无限制的自由贸易。

我们现在（1907年）已经可以在保证不损害本国企业利益的前提下，废除钢铁行业的全部关税了。由于欧洲并没有过多的生产能力，所以他们无法为本国提供足够的钢铁。即使本国价格提得很高，我们从欧洲进口的量也是有限的，并且价格也不一定是比国内低，所以说自由贸易对本国的企业不会有损害。（在1910年华盛顿关税委员会上我曾提到这一点。）

第十一章　纽约总部

一切都非常顺利地进行着。由于钢铁的需求量一直很大，而且公司管理比较合理，所以我们公司的业务量与日俱增。当时公司的具体业务都由弟弟和菲普斯先生处理了，我要做的只是参与重要合同的谈判以及从总体上把握全局。此时我经常会到东部出差，特别是纽约。当时的纽约就如英国的伦敦一样繁华、尊贵，如果不能在这里设立一个办事处，公司将来的发展就有可能会受到限制。

不久之后，我们就决定在纽约设立办事处。1867 年，我和母亲带着对匹兹堡的眷恋和对朋友的牵挂来到了纽约。弟弟并没有跟我们一起来，因为那时他已经与我的朋友和合伙人的女儿露西·科尔曼小姐结婚了。我们还把在荷姆伍德的家业留给了他们。来到纽约之后，我们先在圣尼古拉斯旅馆安顿了下来，我还在百老汇街上设立了一间办事处。尽管我跟母亲对这里的一切都很陌生，但是只要我们两个能在一起，我们就很开心。特别是母亲，虽然这种独在异乡的感觉让她感到很孤独、寂寞，但是她仍然乐意陪在自己的儿子身边。

刚到纽约的那段时间，我非常盼望着匹兹堡的朋友能来纽约。而在这段寂寞孤独的时间里匹兹堡的报纸成为了我们每天所必需的刊物。我也经常会跟母亲一起回到匹兹堡，跟在那里的家人相聚。随着时间的流逝，我在纽约有了新的朋友和新的兴趣。后来我们所住的旅馆的老板又新开了一家旅馆——温莎公爵旅馆，我跟母亲就搬到了那里居住。旅馆的老板是霍克先生，我跟他还有他的侄子都是好朋友，我跟母亲也把那里当作自己的家，直到 1887 年，我们仍然住在温馨的温莎公爵旅馆。

在纽约我认识了伯塔夫人，她是非常了不起的女人，她的丈夫是伯塔教授。他们家经常组织聚会，来的都是纽约的名人志士，有一天我有幸被邀请来她家享用午餐，有幸见到了许多名人，还听他们讨论了各式各样的问题。我在这里有幸认识了科内尔大学的校长安德鲁·D. 怀特，他当时就已是著名的法律顾问。我很感谢伯塔夫人把我介绍给帕默夫妇，并且我很快加入了他们组织的 19 世纪俱乐部，这是我在纽约最大的收获，在这里我不仅认识了各界名流，也学到了更多的知识。

每个月 19 世纪俱乐部都会举行一次聚会，在这里，各界名流都会很正式地讨论当天的话题。参加的人越来越多，导致帕默夫妇把聚会场所换在了美国艺术馆。精心准备之后，我鼓足勇气进行了我在美国的第一次演讲，当时我讲的主题是《美元贵族》。这次演讲让我提前看了很多书，了解了很多这个方面的内容，我觉得它很好地丰富了我的知识，让我得到了锻炼，所以，从那次以后，我还会时不时发表一番演讲。

我对制造业比较了解，而且知道这不是一个投机型的行业。做电报员的时候我就知道几家匹兹堡公司和老板在纽约进行了证券交易。因为当时在匹兹堡很少有人做这种事，它只是一个工业城市，所以公司进行证券交易的行为使公司的信誉遭到了极大的损伤。

来到纽约之后，我发现几乎所有的商人都在炒股，很多人都想跟我合作，因为我以前曾在铁路公司工作过，在他们看来我对这几家铁路公司都很了解。经常有人邀请我加入他们的队伍。但是我始终觉得这是一种赌博，所以总是不愿意沾染这种事情。但是身在纽约，我无时无刻不被这个投机市场所吸引。

最大的一次诱惑是杰伊·古尔德向我提出的。那时候他正处于事业的巅峰时期，他来到我住的地方跟我说，他将买下宾夕法尼亚铁路公司的整个控股权，然后让我当总裁来管理整个公司，并可以获得一半的收益权。虽然我曾与斯科特先生发生过业务上的摩擦，但是我还是不愿意让他丢掉饭碗，而且我也不愿意做一个不属于我的公司的总裁，于是我婉言谢绝了。后来斯科特先生不知从谁那里听说了这件事，他问我为什么没有答应古尔德的请求，我跟他说，想要我做总裁，前提只有一个，那就是这个公司是我的。

有些事情就像是戏剧似的在你身边发生。1900年我为了报答当年古尔德先生给我提供的待遇，同意让他的儿子负责国际海洋航线。我跟他的儿子达成了一致意见，那就是让瓦伯什铁路公司承担钢铁公司三分之一的运输业务量。

我始终坚持永远不求虚幻利润的原则，所以我从没有把自己的时间用在投机性的股票买卖中，只有一次在银行主动降低贷款利息的时候我曾经买过宾夕法尼亚铁路公司的小额股票。我也曾得到过一些来自纽约证券交易所的股票和有价证券的股份，但是我发现这浪费了我很多时间，所以我把它们全部卖掉，专心搞实业。而且我发誓以后不再持有这种股票，后来我也较好地实践了这个诺言。

所有从事实业的人都应该重视这个问题，一个从事实业的人，只有保持清醒的头脑才能够聪明地处理眼前的问题，如果他的注意力每日都集中在股市行情上，那么他就会受其影响，不能准确地对事情做出判断，决定一件事情的时候也不会经过缜密的思考。况且投机本身并不创造价值，而是寄生在价值上的。

我在纽约做的第一件大事就是在基奥卡克修建了一条横跨密西西比河的大桥。桥梁的整个框架、桥基、土石方工程和上层结构是由我跟汤姆森承包的。我们以为这个工程可以让我们获得高额利润和部分债券、股票。但是一股突如其来的骚乱使铁路的相关行业陷入了破产的境地，他们没有足够的资金来付给我们。而且竞争者在另外一个地方也修建了跨越密西西比河的大桥，还在河的西侧修建了一座通向基奥卡克桥的通道。这次我们所期盼的高额利润已化为乌有。虽然没得到太多利润，但是我们的损失并不算大。

桥体的上层建筑是在吉斯通工厂修建的，所以我大部分时间是在匹兹堡度过的，但有时我也回基奥卡克视察工作，在这里我认识了里德将军及夫人、莱顿夫妇等一些聪明的人。有的时候我还会带着一群英国朋友来这里参观，他们受到了里德将军的热情款待，而且对这个文明的西方国家产生了良好的印象。因为英国议会具有很高的地位，所以内战期间，来这里的英国客人们都觉得自己具有高贵的地位。

有人知道基奥卡克桥的建造者是我之后，就找我修建圣·路易斯的密西西比河大桥。1869 年的一天，我正像往常一样呆在纽约办事处，那家公司的项目负责人麦克弗森先生找到了我，问我是否能够征集一些东部的铁路公司加入到这个项目中，来解决资金问题。我代表吉斯通公司同意承担铁路的修建工作，而且获得了这家桥梁公司第一期的抵押权，金额是 400 万美元。这是我签下的第一笔大业务，所以我非常重视。1869 年 3 月我在伦敦对这个股份的销售方案进行了洽谈。

在去伦敦的途中，我草拟了一份项目宣传册。下了船之后，我就把印好的宣传册给了银行家朱尼厄斯·S.摩根，并且向这位老朋友推荐投资这个项目。让我高兴的是第二天他就同意投资这个项目了。他的律师告诉我应该把债券上的措辞做一下修改，同时摩根先生希望这个修改能尽快得到圣·路易斯的董事会的批准。

为了让他早日放心，我向他保证早上就可以发电报请求董事会批准。但是这种做法是非常冒险的，因为从大西洋电缆开通以来，还没有私人发送过这么长的电报，况且文件的每一行几乎都要修改，要把这个信息准确地传达过去是非常有困难的。在发送之前我先让摩根先生看了一下，他说："年轻人，如果你成功了，就应得到奖励。"

董事会收到我的电报后就召开了紧急会议，而且他们同意所有的改动。第二天早上，我刚到办公室就收到了他们的信件通知。我很高兴地跟摩根先生说律师的意见已被董事会采纳了，我们很快就签署了合同。

《泰晤士报》的财经编辑萨姆森的言论经常能够主导债券交易价格的变动。当我还在摩根先生的办公室时，萨姆森先生走了进来。我知道现在因为菲斯克和古尔德对伊利铁路公司的诉讼，美国证券市场已经遭到了极大的冲击。我知道萨姆森先生一定会把这件事报道出来，我决定尽全力阻止这件事的发生。我跟萨姆森说圣·路易斯桥梁公司是政府许可的，因此在必要的时候它可以向最高法院提起申诉。他很高兴能够从我口中得知这一消息，他还把这座桥看做是高速公路的收费站。

萨姆森编辑走后，摩根先生很高兴地对我说我的这番言论已经把债券的价格提高了5%。这是我第一次跟欧洲的银行家进行谈判，而且谈判得很顺利，我们通过发行债券很快就凑够了修建圣·路易斯大桥的钱。我不仅在谈判中获得了富余的利润，而且受到了摩根先生的夸赞。他觉得我发电报的事情很不可思议，并预言我将来肯定能够成为一个知名人士。

事情办完之后，我又回到了丹弗姆林，为它捐赠了一个公共浴池。我以前在电报公司工作的时候曾经为华莱士纪念馆捐过钱，虽然当时每个月只有30美元的收入，但是在姨父的建议下，我还是为我心目中的英雄尽了一份力，而且母亲也没有责备我，相反，她为自己的儿子感到自豪。我还曾跟母亲为斯特灵的纪念馆捐赠过华莱士·斯科特先生的半身雕像。虽然那时候我的经济条件正在改善，但正处于资金积累阶段的我，并没有开始大量的捐赠活动。

1867年正在欧洲旅行的我不忘关心家里的事情，我频繁地跟公司进行书信往来。内战的爆发使得连接太平洋的铁路越来越重要。国会决定把国土连在一起，同意进行铁路修建，计划从奥马哈一直修到旧金山，铁路修建的速度非常快。于是我写信给斯科特先生让他务必要拿下加利福尼亚段的卧铺车厢合同。他给我回信说我总是能够抓住时机。

旅行结束后，我就开始了为竞争太平洋铁路的卧铺市场而努力。随着卧铺车厢市场的不断扩大，普尔曼公司应运而生。这家公司对卧铺市场的适应能力使之一跃成为世界上最大的铁路运输公司——芝加哥公司。而跟我们竞争太平洋铁路卧铺市场的对手就是芝加哥公司。

在与普尔曼先生竞争的过程中，我再次发现了小事有时真的能够起决定性作用。有一次普尔曼去拜访了经过芝加哥的联合太平洋公司的总裁德雷尔先生，当他来到总裁房间时，他无意中发现了一封将要发给斯科特的电报，电报中提到已经接受了他提出的卧铺车厢计划。看到这封电报时普尔曼先生非常紧张，他认为这个项目应该由他承担，所以当德雷尔总裁走进来的时候他说道："我相信在我提交计划之前，你们是不会作出决定的。"

不久，联合太平洋公司在纽约召开了董事会，我和普尔曼先生都参加了这场会议，目的只有一个，就是得到这份订单。当我们在圣尼古拉斯旅馆碰见时，我主动跟他打了招呼并且提出了一个两全其美的方法，那就是我们两个联手成立普尔曼豪华车厢公司，一起来承担这个项目。他对这个新公司的名字非常满意，而我也成为了这家公司的最大股东。于是我们共同得到了这份合同。后来我们一直合作，直到1873年金融危机爆发时，我卖掉了所有的股份挽救了我的钢铁公司。

普尔曼先生本人和他的事业都是典型的美国方式，他是一个可以抓住主流的人，例如他可以在不影响旅客，也不影响生意的前提下，为一个大旅馆加高10英尺。他本来是个木匠，后来在芝加哥大规模建设的时候接了很多业务，并成功地获得了很多资金。他是一个非常成功的人，刚开始就在这个行业很有名。后来他发现卧铺车厢在美洲大陆具有广阔的市场，所以决定建造车厢，并拿到了芝加哥中心线路的合同。

尽管专利的收益者是伍德罗夫先生以及由他掌握大部分股权的东方公司，但是不久之后我就意识到新的问题。因为普尔曼公司有足够的时间去发展，当它因为侵权被起诉时已经成为了全国大型的公司。所以在竞争联合太平洋公司合同之前，我们就已经建立了良好的关系。后来我成功地说服普尔曼公司吸收我们公司和中央运输公司，这样不仅使普尔曼公司得到壮大，使其业务范围扩展到宾夕法尼亚干线，而且使各公司成员之间的关系得到缓和。

我非常欣赏普尔曼先生，因为他是一个非常有才干的人。跟普通人一样，他也有自己的高兴与失落，我从没想到竟然有人能够做到像他一样，在维护铁路声誉的前提下，可以想到合适的方法去解决经营卧铺车厢业务时遇到的困难。也许是他曾经给我讲过的故事一直激励着他。

有一次他给我讲了一个故事，故事的内容是在西部的某个县，有个不幸的老人，他几乎经历了人生中的各种不幸。他的朋友们觉得他很可怜，所以都来安慰他。但他却不以为然，他说："朋友们，你们说的没错，我确实经历过很多磨难，但是你们忘了一个事实，那就是百分之八九十的烦恼都不会变成现实。"是的，人生中有许多的烦恼与忧虑，但是所有这些烦恼和忧虑并不一定都变为了现实。很多事情都没有人们想象中的那么糟糕，所以我们要做一个聪明的人，每天都要保持乐观的心态。

我在纽约一系列的表现为我赢得了部分人的关注。1878年，联合太平洋铁路公司的一个董事找到了我，希望我能够帮他们渡过难关。他们希望我能为联合太平洋公司筹集到60万美元，一些知道我的朋友认为这对我来说并不是难事，而且以我的能力还可以让宾夕法尼亚铁路公司来控制那条重要的线路。

我接下了这个业务，并且我建议把宾夕法尼亚铁路公司提名的几个候选人变为联合太平洋铁路公司的董事会成员，因为只有这样才能更容易得到他们的帮助。汤姆森总裁虽然对公司的资金比较谨慎，但是他无法抗拒我提出来的各种优厚条件，特别是可以控制联合太平洋公司在宾夕法尼亚的收益权的这项条件，更是让他心动不已。他同意了我的建议，将为联合太平洋公司在纽约的贷款提供担保。我认为他是对的，因为这是一个几乎没有风险的投资，即使是 60 万美元收不回来，它也同样会得到收益。更何况我们打算把得到的有价证券转让给汤姆森先生。

当我跟汤姆森先生结束谈话之后，他拍着我的肩膀说这件事就靠我了。他还语重心长地跟我说，宾夕法尼亚铁路公司从成立以来从未亏损过一分钱，还要求我必须掌握全部证券。

我没有让汤姆森先生失望。联合太平洋公司非常希望汤姆森能担任总裁，但是他并不接受这个职务，而是让托马斯·A.斯科特先生（宾夕法尼亚铁路公司的副总裁）来担任这个职务。1871 年，我和斯科特先生还有普尔曼先生当选为联合太平洋公司的董事。

我们获得了联合太平洋公司的 300 万份股权，我把它们锁在保险箱里等待着它们升值，因为我知道一旦宾夕法尼亚铁路公司参与，联合太平洋公司的股价就会有很好的长势。我从没想过在前景一片大好的情况下抛售这些股份，但让我意想不到的是斯科特先生却这么做了。斯科特先生也是董事之一，有处理这些股票的权力。那时候我要去伦敦进行奥马哈的密西西比河大桥的谈判，所以在我出差的时间里，斯科特先生卖掉了所有的股票。

当我从伦敦回来时，发现一切都已经晚了，我们很不光彩地被赶出了联合太平洋董事会。我知道当时在联合太平洋公司看来我肯定是一个以投机为目的的没有信誉的合伙人，但是我又有什么办法呢，我也想买回这些股票，但这有可能把斯科特先生直接推到了我的对立面。我不想跟以前对我有重要影响的、可敬的上司发生正面冲突，所以我不能那么做。当时受害者还有普尔曼先生，我也一直希望他能买回这些股权。

虽然我并没有买回那些股权，但是因为这件事我跟斯科特先生产生了第一次分歧。他告诉我他也很后悔，而且说他以为我也想这么做，所以并没有想太多就把我们的股份抛出了。

当时我有一个很好的朋友——莫顿布利斯公司的利瓦伊·P.莫顿，他也持有联合太平洋公司的股份，我以为他会因为斯科特先生抛售股权的事情而不愿搭理我，但是后来他知道我是无辜的，这让我非常兴奋。

我这次去伦敦关于2500万美元债券的谈判非常成功。在我离开之前，这些债券都被联合太平洋公司的人买下了，董事会并没有跟我说清这件事，所以我的这次谈判只是给他们买债券的人带来了利润，而联合太平洋公司却没有得到丝毫的利益。购买债券的人用股票的收益权，包括我的利润去偿还了他们的债务。我从没有想到自己会上当吃亏，但这次让我认识到一个道理：并不是所有的人都是值得信赖的，我们不得不提防身边的某些人。

第十二章　交易磋商

有一天，阿尔格勒尼山谷铁路公司的总裁威廉·菲利普斯来到我在纽约的办事处，希望我能够帮助他。他告诉我虽然宾夕法尼亚铁路公司已经为他的公司做了担保，而且他也打算把债券按九折出售，但是仍然没有一家银行愿意购买他的 500 万美元的债券（当时西部铁路公司的债券总是按八折出售的）。菲利普斯上校说他现在需要 25 万美元，但是宾夕法尼亚铁路公司不愿意借给他。他现在已经想不出什么好办法了，所以决定向我求助。

虽然当时阿尔格勒尼铁路公司债券的年息是 7%，但是它不能拿到国外市场去卖，因为在美国使用现金支付，而不是黄金。我知道宾夕法尼亚铁路公司持有大量的费城—伊利铁路公司的债券，但是它的年息只有 6%，所以我想宾夕法尼亚铁路公司应该不会排斥持有一些年息为 7% 的债券。

于是第二天我跟汤姆森先生发了电报，问他是否同意转到 25 万的利息，然后再把这些钱借给阿尔勒格尼铁路公司。汤姆森先生很痛快地答应了。我把整个事情都跟汤姆森先生说明白了，这样他的公司可以每股多得 1% 的利息。菲利普斯很感激我能帮助他，并且说愿意让我以九折的优惠价购买他 500 万美元的债券，同时可获得 60 天的优先权。

我立刻带着费城—伊利公司 500 万美元的抵押债券的控制权来到了伦敦。我想，有宾夕法尼亚铁路公司作为担保，这些债券肯定能卖一个很好的价格。我给巴林银行写了一封信，他们很快表示会购买这笔债券，刚到伦敦的第二天早上我就跟他们进行了谈判，这次谈判很成功，我拿到了他们借给宾夕法尼亚铁路公司 400 万美元贷款的合同，利息是 5%，如果他们以票面的价值去出售这些债券，再减去 2.5% 的佣金，那么他们就可以在抛出后得到不少于 50 万美元的收益。

当我们即将签下这个合同的时候，拉塞尔·斯特吉斯先生说巴林先生明天会到达这里。于是出于礼貌我们决定把签合同的日子改在第二天的下午两点。我从没想到这个时间的改变会让我先前的努力化为泡影。

我带着一丝遗憾的心情走出银行大楼来到我住的宾馆，这仅仅只有 4 英里的路程。我刚到宾馆，就有一个信差给我送来了一封巴林银行的信件。这封信的内容让我顿时感到了从未有过的失落。信上说俾斯麦在马格德堡冻结了 1 亿美元的资产，在这种情况下，他们不可能继续这笔交易了。

这是我金融生涯中受到的最大的一次打击。我清楚地记得我想提前给汤姆森总裁发电报时的感觉，我的直觉告诉我，现在还不是时候，必须要等到合同进了口袋才能发。没有过早地给汤姆森先生发电报成为了不幸中的万幸。

在跟巴林银行谈判失败以后，我马上就想到找其他银行来购买我手上的债券。虽然菲利普斯上校跟我说过他曾跟 J.S. 摩根的美国银行谈判失败过，而且我也认为伦敦的摩根银行与纽约的银行肯定也会有沟通，但是我仍然找到了 J.S. 摩根银行，结果是我最终以更低的价格卖给了 J.S. 摩根银行。后来有类似业务的时候，我也会找到这家银行，即使银行没有足够的资金也会给我推荐其他信誉较好的银行，而他自己也会从中赚取部分佣金。当然我的劳动并不是免费的，每次联系买卖的债券，我都能得到一笔可观的奖金，这让我非常高兴。后来我对这件事进行了反思，认为自己犯了一个错误，我应该给巴林银行时间，让银行安全地渡过危机之后再跟他们合作，所以在谈判的时候，如果有一方出现了浮躁情绪，另一方一定要保持冷静的头脑。

有一天我跟摩根先生说起了一件金融运作方面的小事，并且跟他说是否愿意跟我做个交换，我跟他说一个制胜的法宝，而他要把得到利润的四分之一分给我，他很高兴地说同意跟我交换。我说现在阿尔勒格尼铁路公司正在进行业务拓展，所以资金运作不过来，我把阿尔勒格尼铁路公司的债券跟宾夕法尼亚铁路公司所持有的费城—伊利铁路公司的债券做了交换。现在这些债券在市场上有很大的需求量，所以很容易出手，当然我也会为他写下发行这些债券的方案。听完我的话后摩根先生进行了一番专业性的思考，然后同意了我的建议。

这个时候汤姆森先生也在巴黎，我去拜访了他，从他那里得知宾夕法尼亚铁路公司也需要资金，于是我跟他说我会尽全力把这些债券卖给摩根先生。但是由于当时汤姆森先生把价格定得很高，所以摩根先生只买了一部分债券。摩根先生的帮忙不仅让宾夕法尼亚铁路公司得到了资金，也让阿尔格勒尼 900 万到 1000 万的债券成功上市。

这些债券卖出不久之后，1873 年金融危机爆发了，这给所有人都带来了恐慌。有一天皮尔朋特·摩根先生跟我说："我的父亲问他是否要卖掉你的股份。"我告诉他我要在这个时候把这些股份变为现钱。于是他问我想要多少钱。我说最近一次信用卡显示的金额是 5 万美元，所以我应该得到 6 万美元。

第二天我发现摩根先生给了我 7 万美元。他跟我解释说我弄错了，我的信用卡少显示了 1 万美元，所以这 7 万美元是我应得的。他给我的是两张支票，一张 6 万的，一张 1 万的，我把那 1 万的支票给了他。我说："这是你应该得到的，请接受我的感谢。"他说："不，谢谢，我不能这么做。"

其实这种事情是非常常见的，这是双方相互理解的一种象征。从此以后我在心里告诉自己，以后绝不会因为自己而让摩根父子吃亏，就这样他们多了一个忠诚的朋友。

诚信是一个企业做大做强的法宝，而"装腔作势"和自作聪明则是一个企业所要避免的。如今商业道德的标准提高了，所以企业应该重视精神实质，我们不能允许任何一个人犯错，即使这样给企业带来了利润，也应该对此加以阻止。一个好名声才是公司成功的关键，所以我们始终坚持"把丰厚利益让给对方"的原则，这让我们得到了意想不到的收获。投机领域的投资就跟赌博是一样的，所以不适用这个原则。我一直很欣赏像朱尼厄斯·S.摩根一样的传统银行家，尽管像他这样的银行家已经越来越少了。

斯科特先生（1872年，托马斯·A.斯科特上校离开了联合太平洋铁路公司。同年，他被选为得克萨斯太平洋铁路公司总裁。1874年，成为宾夕法尼亚太平洋公司总裁。）被免去太平洋铁路公司董事的职务后，就投入到得克萨斯的太平洋铁路的修建中去了。尽管我竭力劝说他在没有筹到足够的资金之前不能贸然修建这样一条长达几千英里的铁路，但他没有听从我的劝告，毅然决然地开始修建这条大铁路。虽然我知道这条铁路的资金并不是仅靠短期贷款就可以维持的，也不愿参与其中，但是当我从欧洲回来时，斯科特先生告诉我他为我留了价值25万美元的债券，我不得不出钱购买。

后来有一天，我收到了斯科特先生发来的电报，信中提到务必让我去费城见他。在这里我还见到了J.N.麦克鲁夫（宾夕法尼亚铁路公司驻匹兹堡的副总裁），斯科特先生让我来的目的只有一个，就是加入他们的行列一起为这个工程贷款。因为摩根银行提出只要有我的参与，他们就会考虑续贷。这是我人生中最困难的时刻，我没有答应他们的请求，因为我的全部资产都是用来进行生产的，我不能浪费一分钱，而且我要对我的弟弟、菲普斯先生、罗克门先生负责。虽然他们责怪我不顾及朋友情面，但是我更不愿看到我的公司职员因为我而遭受苦难。

在六十天之内还清摩根银行的贷款是不可能实现的，即使是我那一部分也很难实现。在这件事情上我跟斯科特先生再一次产生了分歧。这次会面不久之后，不幸的事情就发生了。参与这次铁路修建的商业精英们受到了很大的打击，也许是受不了这个打击，敏感的斯科特先生、钢铁制造者马克马内斯先生和贝尔德先生相继去世了。这也是我经商道路上受到的最大打击。就像生活在水里的鱼不能生活在陆地上一样，马克马内斯先生和贝尔德先生都是钢铁制造者，他们本不应该涉足不熟悉的行业。

我认为实业家很少会遭受这种打击，因为他们只要考虑到有足够的资金，而且愿意为朋友失掉这笔钱，他们就会做，否则就不做。我相信一个聪明的人还会考虑投资的时机，如果他还是一个具有债务的人，那么他的一切行为都应为他的债权人服务。

虽然我并没有同意在续贷合约上签字，但是第二天他们仍然邀请我一起回纽约，我知道他们还对我抱有希望。我非常高兴地跟他们一起上了车，而且还邀请了安东尼·德雷克斯。麦克马内夫认为不在合同上签字是明智之举，于是在返回纽约的途中，他说整个车上除了"安迪"之外，大家都是傻瓜。因为只有"安迪"不欠钱，也不用负责任。

后来德雷克先生问我是如何避免麻烦的，我说原因很简单，我只是遵守"不在还不起的合约上签字"的原则。换句话来说就是"不要踏入明知不能渡过的河"。正是这条原则为我减少了不必要的麻烦，而且让我们的公司一步一步地不断发展壮大。

我的弟弟和菲普斯先生把匹兹堡的工厂管理得井井有条，所以我随时都可以离开。这时候的纽约并不是像伦敦那样的金融中心，很多银行家都不愿借钱给美国，因为他们认为在美国投资并不安全。与美国相比，他们宁愿把钱借给利息较低的巴黎、维也纳、柏林。虽然并不容易，但我仍到欧洲联系出售了3000万美元的有价证券，虽然这给我带来了很大的诱惑，但是我仍旧把钱投入到了匹兹堡的工厂，希望能够踏踏实实地赚钱。

当时，在型材的种类方面，我们的联合公司是那时美国的领头羊，我们的公司发展得很好，不久就把吉斯通桥梁公司原来的小厂房出租出去，然后在劳伦斯威尔买下了用来建造大规模厂房的 10 英亩的土地。为了避免把所有的鸡蛋都放在一个篮子里，我还跟宾夕法尼亚铁路公司的朋友一起投资西部一些州县的铁路，但是很快我就把这部分资金撤了回来，因为我发现"把好鸡蛋放在同一只篮子里，然后看好它"才是制胜的法宝。

我认为把资金到处投放的人是很难赚大钱的。要想成功，就必须选择一条路走下去，也就是说要做好自己的行业。但是在现实生活中，我惊讶地发现很多人竟然不知道自己的金矿就在自己手中，所以也不会把赚来的钱用在设备维修和更新上，而是把钱大量地投放到证券市场，或者是其他毫不相干的部门中去，这都是非常不明智的行为。

我认为一个商人如果不把资金投入到自己的行业往往就会遭受失败，因为他们根本不了解别的行业的运作情况。所以我决定要全身心地投入到钢铁公司中去，使它变得更强大。我想给年轻人的忠告是，要把自己的时间、精力和钱都用到自己的事业中。如果有一天你的公司实在无法扩展业务了，而且也没找到其他有潜力的行业，那么我建议你把钱投放到一流的证券所中去。这样你就能轻而易举地获得一个可观的收入。

我在英国认识了包括洛锡安·贝尔爵士、伯纳德·萨穆尔森爵士、温莎·理查兹爵士、爱德华·马丁、宾格利、埃文斯在内的钢铁行业的名人。此外，我还有幸认识了钢铁名人中的佼佼者——贝西默先生，并且与他们都保持着良好的关系。后来我被选为了英国钢铁协会的会长，开始的时候我担心自己不居住在英国，害怕不能很好地履行会长的职责，但是最后我还是接受了这一职务，因为我觉得这是我的荣耀。因此我成为了第一位非英国国籍的会长。

我们生产熟铁只是为了修建其他工程，所以我们现在决定继续生产生铁。1870 年我们打算建造一座露西高炉（以我弟媳的名字命名），虽然钢铁行业的前辈对我们公司的快速发展有一些不好的预言，但是我们并不在乎这些。我们相信我们只要有资金和自信就可以实现目标。

但是露西高炉的花费大大超出了我们的预算，所有的花费比我们预计的要高一倍。如果提前知道会有这么大的花费的话，我们可能会推迟修建这座高炉。幸好这并没有给我们带来多大的影响，高炉的产量也大大超出了我们的预料，每天的生产量达到了以前一个星期的产量。很多人都认为这是不可思议的。

但是我们的钢铁生意也是波澜起伏的，有一段时间铁的价格突然降了6美分，许多工厂破产了，但是在财务经理和所有职工的努力下，我们成功地渡过了难关。那时候很多钢铁厂都在使用英格兰惠特威尔兄弟生产的高炉，有一次，惠特威尔先生来我们工厂参观露西高炉，我跟他说了我们的困难，他说可能是料钟的角度问题，并给了我们解决的方案。我极力说服克罗克先生做一个小型的玻璃高炉配两个钟角，一个钟角按照露西高炉的结构来做，另一个按照惠特威尔先生说的来做。事实证明惠特威尔先生说的方法可以完美地解决露西高炉的问题。我非常感谢这个善良、大度的人。而且作为报答，我们总会把知道的一切都告诉惠特威尔公司，并且希望这些能够对他们有所帮助。（我很高兴惠特威尔兄弟还有一位健在，并且跟我的关系很好，后来继任了我在英国钢铁协会的会长职务。）

第十三章　钢的时代

现在的人们已经认识到了化学在生铁制造中的重要地位了，但是在以前，哪怕是 1870 年，人们还并不了解这件事情，根本不知道化学为何物。这种无知，也让我们付出了代价。

当时我们的高炉经理是一个非常粗鲁的外国人，他经常会把不听管教的人推倒在地上。而且就像他的同乡能够用椿树枝来判断油井和水井的位置一样，我们认为他对高炉的判断也是出于本能的，他可能具有一种超自然力。但是他根本不了解各类矿石、石灰石或者焦炭的成分，所以露西高炉总是出现一个又一个的问题。我们不得不辞掉了这个仅凭感觉和经验工作的高炉经理。取而代之的是一位年轻的与众不同的运务员亨利·M. 柯里。

因为露西高炉比别的高炉大得多，所以会出现更多的安全隐患。菲普斯先生总是非常关心这个高炉，每天他都会来看看露西高炉的生产情况，即使是周日的早上他也会来看一眼，就算是他跟着父亲和妹妹一起去做礼拜，他所做的也是祈求露西高炉可以正常生产。

后来我们找到了一位来自德国的弗里克博士作为柯里的助手。弗里克博士的到来为我们解开了化学的神秘面纱，经过他的讲解我们知道了一些低劣的矿石可以炼出上乘的钢来，而那些优质的铁矿石的含铁量会大大地低于我们的想象。化学让我们知道了什么才是优质的材料，也消除了我们生产的困惑，我们也慢慢地开始崇拜化学。

我们想用纯度很高的矿石代替一种纯度低的——其产量不足前一种的三分之二。于是我们加入石灰来融化这种高纯度的铁矿石。但就在这个需要炼出优质钢铁的时候，露西高炉被迫停产了，因为大量的石灰导致高炉严重受损，这是我们从未料想到的。

当时很多竞争者对我们聘请化学专家不以为然，他们认为我们这是一种浪费，也许他们现在能够明白如果不请化学专家也许我们更得不到利润。所以当时我们就以此来安慰自己。我们认为自己比竞争对手高明，因为我们已经开始聘请化学专家来指导了。

我们对露西高炉的管理逐渐科学化，这也给我们带来了巨大的利润，我们决定再修建一个这样的高炉，这次的修建成本比露西高炉低了很多。我们开始购买一些不被重视或者没有销路的矿石。密苏里的一家铁矿石的产品很不受欢迎，其实那些矿石并不是没有利用价值，而是它的磷含量低、硅含量高，如果加以融化，是可以得到优质矿的。于是我们大量收购了这样的矿石，这不仅使我们得到了大量优质的矿石，还得到了矿主的感谢。我们知道应该购买什么样的矿石，所以一般不会理会那些被认为质量优良的产品。

由于我们较早地聘请了化学专家，所以我们经常可以高价收购含磷量较高的炉渣，而低价收购别的工厂含铁量更高的铁矿渣。有的时候我们还会精炼矿渣。但令我们奇怪的是这种做法竟然持续了很多年，因为很多同行仍然把炉渣当作废料扔在河边，有时我们会把自己劣质的原料换成优质的而从中渔利。

当时还有一个偏见就是认为氧化铁皮已经不能再提炼了，这是一个错误的做法，因为氧化铁皮是一种纯铁的氧化物。有一次我去拜访在丹弗姆林的朋友奇泽姆先生，当我来到他的厂子参观时，正赶上工人们往院子里搬运氧化铁。奇泽姆告诉我他的高炉经理说这些东西不好融化，所以决定扔到河里去。当时我没有说话，因为我想跟他开个玩笑。

当时杜·普维的父亲正在研究一种炼铁方法，于是回到匹兹堡后，我就让杜·普维去收购奇泽姆先生的氧化铁了，当时是以每吨 50 美分的价格收购的。我一直想找时间跟他说我跟他开的这个玩笑，但遗憾的是一直到他离开人世的那一天我也没来得及告诉他，他也没有意识到这个玩笑。但是，后来管理他们公司的人，很快就知道氧化铁的重要性了。

我一直对贝西默炼钢法具有浓厚的兴趣。因为如果这种方法能够成功的话，钢的时代就会代替铁的时代。约翰·A.赖特是我的一个朋友，同时也是宾夕法尼亚刘易斯自由铁厂的总经理。他也非常关心贝西默炼钢法，并且专程去过英国进行调研。这位实干家决定在自己的工厂里建立一个贝西默车间，但是他并没有意识到这种方法并不成熟。这种方法在英国也只是实验阶段，所以还得需要漫长的时间才能正式投入到生产中。而过早地引入到美国需要大量的资金投入，这是我的朋友无法承受的。

当这项工艺在英国实验成功之后，很多人都投资建造宾夕法尼亚炼钢厂。其实这个项目正处于萌芽阶段，需要一个漫长的实验阶段和过渡期，所以需要大量的资金。具有远见的汤姆森先生向董事会建议对这个项目投资60万美元，汤姆森先生的这个建议让炼钢厂得以成功度过实验阶段和过渡期，也让宾夕法尼亚铁路公司具有了稳定的钢轨来源。

在贝西默炼钢工艺推出前，所有的铁路公司都在寻找铁轨的替代品。因为铁轨并不坚固，需要经常更新。连接宾夕法尼亚和韦恩站的铁轨每六月或者两个月就需要更新一次。那时候英格兰的道普斯先生正在研究一项发明——铁轨顶部碳化技术，并且取得了很好的效果。于是我建议汤姆森先生采用这项技术来加固原先的铁轨，汤姆森先生同意了。取得道普斯专利的使用权之后，汤姆森先生投入20万美元在匹兹堡进行了实验，在厂房上建了一座专门为宾夕法尼亚铁路公司碳化铁轨的熔炉。这是美国第一次使用顶端碳化的铁轨，并且获得了很大的经济效益。所以如果贝西默工艺并没有得到广泛的推广，我们的铁轨顶部碳化技术一定能发挥到最佳的水平。

当时美国最大的铁轨制造企业是在匹兹堡附近的约翰斯敦的坎布里亚制铁公司，他们的总裁威廉·科尔曼先生是我的朋友。他决定建造一座贝西默炼钢厂，因为我在英国时见过贝西默技术，所以建议他采用这项新技术，他同意了。后来在父亲去世时曾经帮助过我的母亲的大卫·麦克坎德里斯先生也成为了我们的合伙人。后来约翰·斯科特、大卫·A.斯图尔特先生、埃德加·汤姆森和托马斯·斯科特先生等人也加入了股东的行列。经过一番斟酌之后，我们决定在匹兹堡进行生产。1873年1月1日，钢轨公司正式成立了，这个将采用新技术的公司包含了我们很多人的期望。

对于厂址的选择，大家说法不一，我也不大赞同他们所选的几个地方，于是自己来到匹兹堡跟伙伴们商量这件事情。在一个星期天的早上，我突然想到了一个地方——布拉道克斯，我想这应该是我们的最优选择，因为它不仅靠近宾夕法尼亚还靠近巴尔的摩和俄亥俄州。附近的那条河也是美国的最优位置。我跟弟弟说了我的想法之后，弟弟也表示赞同。于是当天我就跟科尔曼先生一起去了布拉道克斯，我们原本想以最高每亩600美元的价格买下这个地方，但是地主麦金尼先生始终把价格定得很高，最后每亩地花了2000美元，而当我们再想扩建的时候，就已经涨到5000美元了。

我们所选的地方曾经是布拉道克斯的战场，丹弗姆林的总督亚瑟·毫克特爵士和他的儿子都是在这里战死的，而如今我们两个丹弗姆林人要在此处建造自己的钢轨厂。这就是我们两代丹弗姆林人奋斗的战场。在挖地基的时候，我们发现了许多刺刀和剑，这都是战争时的遗物。

我们想用埃德加·汤姆森的名字来对钢厂命名，因为我们认为这是对他的尊敬。令我们惊讶的是他并不是很赞同用他的名字来命名。他说现在美国的钢轨厂还处于发展阶段，并没有良好的信誉，所以他不想把自己的名字跟钢轨厂联系起来。我说虽然我们的钢轨厂还没有成熟，但是我相信不久之后，我们就能生产出跟国外一样好的钢轨，并且还会拥有跟吉斯通桥梁和克罗门的轮轴一样好的名声。在我的极力劝说下，汤姆森先生终于接受了我们的建议。

汤姆森先生总是为自己的公司着想，所以在选择厂址的时候，他总是希望能够靠近宾夕法尼亚铁路公司，因为这样的话，他们公司就可以垄断钢轨的运输了。后来当宾夕法尼亚铁路公司匹兹堡分部主管罗伯特·皮特凯恩告诉他厂址选在了布拉道克斯时，他眨眨眼睛说："安迪应该把厂址再往东挪几英里。"因为现在选择的厂址不仅有他们的铁路线经过，巴尔的摩和俄亥俄州的铁路都会经过，而且与宾夕法尼亚铁路公司相比，俄亥俄州更具有优势。但是我们都知道这是最有利于钢轨厂发展的选择。

1873 年 9 月，我正在阿尔勒格尼山的别墅避暑，一天早上，我收到了一封电报，内容是说杰伊·库克银行倒闭了，清晨的宁静就这样被打破了。此后每个小时都会传来银行破产的消息，经济危机爆发了。虽然我们的工厂并没有债务，也没有破产，但是这也是我人生中最难熬的一段日子。由于银行破产，我们没有办法从银行提钱，也没有钱给工人们发工资，于是我们多花了 2400 美元的佣金从纽约把钱快递到匹兹堡。这个时候我手中持有的债券也发挥了作用，我们向工人们承诺，公司肯定会把它们赎回来。这段日子里，大家都处于恐慌的状态，任何人都不愿把钱借出去，即使是你有最有价值的资金作为担保。

银行的倒闭让其他的公司也没有了资金来源，而有些铁路公司还欠了我们很多的材料钱，特别是福特·韦恩公司。当我去要求他们还钱时，公司的副总裁邵先生跟我说："你是应该拿回你的钱，但是就现在的情况来看，我们是没有办法支付给您钱了。"我说："好的，如果您拒绝付给我们材料费，那么我们也会跟你们学习，不给你们材料费的。"邵先生说如果那样的话，他们将拒绝为我们运送材料。我说我并不反对他们这么做。

在这个特殊的时期，大家都能体会到相互之间的困难，铁路公司也没有马上停止运输钢轨，还是免费为我们提供了一段时间的服务。如果客户拒绝付款，企业家们就无法还清银行的贷款，银行只能把到期的贷款改成了续贷，这项改革对我们是非常有帮助的，我们可以更好地经营企业了。在这个时候，我认为应该尽量把所有的资金留在内部，这样就不会再为资金的事情伤脑筋了。

在我们几个合伙人中，我是最控制不住自己的，当经济危机来临时，我万分担心和忧虑，但是不久之后我看到了我们公司的实力，而且我决定去找跟我们有业务往来的银行，并且向他们展示我们公司的状况。我相信我们公司的状况是欣欣向荣的，因为我们中间从没有一个人用公司的钱为自己盖房子，也没有人把公司的钱投资到证券市场，更没有人把钱投资到与本公司无关的企业中。

但是我的合伙人却认为我应该告诉别人我们公司的财务状况还没有什么起色。而且他们认为我应该让爱国的克罗门先生为我们公司作担保。因为在我们大家的心目中，威廉·克罗门就是一个精神的高塔，他的爱国之情无人超越。有一次我的工人们在国庆节那一天修锅炉，他立刻命令他们星期天再修，他说国庆节不用工作。

这场经济危机迫使新钢厂停产了，所以我们无法给股东进行分红，我不得不把他们的股权都买了下来，掌握了公司的控股权。

1873年的这场大风暴首先席卷了与证券交易相关联的金融界，而后又破坏了商业和制造业。这次风暴具有很强的破坏力，就连得克萨斯太平洋公司也难以幸免。得克萨斯太平洋公司遭到严重打击损失惨重，这也让我感到伤心。因为我的很多朋友都在这个公司，所以很少有人相信我没有遭受损失。

当斯科特先生和汤姆森先生都遭到打击陷入困境时，与我们有大量业务往来的匹兹堡汇兑银行的总裁斯考恩伯格先生立刻来到了匹兹堡。当他发现我在他们公司贷了大量的款额而且享受了很大的折扣之后非常紧张，并且马上召开董事会建议他们不要再给我更多的票据折扣，因为我不可能没有卷入这场风波。我以最快的速度赶到匹兹堡，并且向斯考恩伯格先生展示了我们公司的情况，跟他解释说我已经用现金付清了我在得克萨斯的股份，所以我并没有为债务承担责任的风险。此外我还准备用我的全部财产作为抵押，并以此来证明我会对本公司负责，而且我绝对不会欠债的。

我的这种大胆、无畏的行为也在商界流传开来。他们认为我是个不计后果、勇敢的年轻人。虽然我还年轻，但是快速发展的公司已经让我拥有了数百万的资产。有一位久经商场的老者曾说过："就算安德鲁·卡耐基的脑子不够用，他的运气也会帮助他的。"很多老前辈都像他一样认为我前途一片光明。但是这些老前辈可能已经老了，所以有时他们会认为我很疯狂，做事情不计后果。但是了解我的人都知道我做事情从来不会冒险，每当我打算干大事的时候，总会有诸如宾夕法尼亚铁路公司等这样的大公司的支持。因为我相信我继承了苏格兰人谨慎的性格特点。

事实证明我并没有承担债务，所以匹兹堡的各家银行对我们的信任度也是与日俱增的。我们公司的信誉为我们获得了更多的贷款，即使是在金融危机的特殊时期也会有银行乐意贷款给我们，而且愿意跟我们合作的银行会比平常时期还要多。就像那家鄙视在法律的庇护下采用现金支付做法的匹兹堡银行一样，他们所采用的用黄金兑换的方法，为他们在金融危机时期赢得了更多的贷款。

不久之后，金融风暴影响到了安德鲁·克罗门先生，他在我们不知情的情况下入股埃斯卡那巴制铁公司，当时那帮人告诉他这家公司会成为一家股份制公司，克罗门先生没有经受住诱惑加入了这个公司，但是在他们还没有变成股份制公司之前就已经背负了大约 70 万美元的债务，这让他不得不宣布破产。在合伙人毫不知情的情况下投资别的公司，更何况是钢铁公司，克罗门先生破坏了合伙人之间没有秘密的游戏规则。

克罗门先生宣布破产，不仅使他自己陷入了困境，也给我们公司带来了麻烦，就像斯科特先生和汤姆森先生遭遇危机时给我们带来的影响是一样的。

克罗门先生是一个出色的机械师，他非常适合在工厂搞机械发明，但是他并不是优秀的商人，并不适合在办公室里搞管理，他只是略懂经商而已。我们看中了他在机器设计发明方面的才能，所以决定继续挽留他。我们决定按成本价提供公司 10% 的股份给他，并且不需要他出钱，只需要用红利来抵资就可以了。但是我们的前提条件是他不能再参与公司的管理，只负责机械技术的发明，此外他不能加入其他公司，而且也不能用本公司的股份为别人作抵押。也许是别人对他的夸赞让他不能给自己准确定位，（很多人奉承他不仅是机械天才，还是一个商业天才。虽然我们经常提醒他注意给自己准确定位，但他自己却没有认清现实。）也许是家庭的独特性和自尊让他放弃了我们为他提供的条件，也放弃了成为千万富翁的机会。他仍然相信自己是一个商业天才，所以不久之后他开了一家公司成为了我们的同行，并让他的儿子担任经理，但是最终还是失败了。一连串的打击让他过早地离开了人世。我想如果他能接受我们的条件，继续跟我们合作的话，善良、聪明的克罗门先生肯定能够开心地跟我们在一起生活。他的过早去世让我们感到痛心。

很多人并不知道究竟什么才是自己的强项，很多人不知道究竟自己擅长什么，在迷茫中他们有时就会迷失，就会走错方向。很多适合在车间搞技术的人，非要在办公室搞管理，他们经常会焦头烂额、错误百出、手忙脚乱，最后也不得不以失败而告终。所以较早地明确自己的强项对每个人来说都是至关重要的。

第十四章　合伙人、书和旅行

　　事情总是要向前发展，新人总要替代离去的人。克罗门先生离开之后，我们就让威廉·伯恩特来负责工厂。这个不太会说英语的小伙子，是因为与克罗门有亲戚关系才被我们录用的。威廉用亲身实践证明了一句话——"任何困难只要你付出足够的努力就一定能克服"。威廉通过自己的努力学会了英语，成为了我们公司每周报酬为6美元的运务员，而且学会了有关的机械知识，熟悉了公司的方方面面，有时还会为公司出谋划策。这个说话时总是语序颠倒而且略带德国口音、愿意吃苦的年轻人给我们留下了深刻的印象，而且每当提起他，我就会特别欣喜。

　　威廉的辛苦工作让他所负责的联合炼铁厂变成了我们效益最好的一个部门。但是过度的工作也让他显得疲惫不堪，于是我决定给他放假，让他重游欧洲。但是没过多久他就回来了，来到纽约找到我，跟我说他最想去的地方不是德国而是匹兹堡，因为他在华盛顿的楼梯下和其他的公共建筑物上都看到了卡耐基公司生产的桥梁，所以他想回到公司去看看生产是否在正常进行。

　　他是我们最早吸纳入股的年轻人之一，也是公司工作最努力的人之一。他总是一大早来到工厂，把一天中全部的时间都用在工作上，等到天黑之后才会离开工厂。但是上帝总会跟这些努力工作的年轻人开玩笑，威廉很早就离开了人世，我记得当时的年收入是5万美元，这都是他应得的。后来我觉得应该是上帝不想让他这么劳碌，才早早地让他去了天堂。

威廉是一个以公司利益为中心的人。有一次召开年终总结会，每个人都要发言，威廉说："我们所要做的就是提高利润，降低成本。"他的话让所有在场的人都哈哈大笑起来。

　　有一次，号称"好斗的鲍勃"的埃文斯上校接到政府通知来我厂督察。因为埃文斯上校是一个非常严格的人，所以威廉碰到了很多麻烦。开始的时候威廉总是细心地听从埃文斯的批评，并且认真改正，但埃文斯的行为最终惹火了威廉，他们产生了矛盾，威廉把这位严厉的上校得罪了。当时威廉向我们诉苦说埃文斯总是抽着他的雪茄（威廉抽的只是那种 1 分钱的劣质雪茄，这位上校真的很过分），然后去挑他的产品的毛病。当我们跟他说了讨好这位政府官员的重要性后，他仍然愿意去跟他道歉。威廉真的去向上校道歉了，这位上校后来跟我们说他是这么道歉的："你好，上校，我希望你没事了。我不是有意要冒犯你，上校。"说完这些后威廉就伸出手跟上校握了一下，以此来说明他们的矛盾化解了。

　　威廉是一个非常聪明的人。有一次他把不能再用的废铁卖给了詹姆士·帕克，当这位匹兹堡钢材制造的先行者发现自己被骗之后，就找到我们索要赔偿。于是我派菲普斯和威廉一起去处理这件事。但他们去了帕克先生的工厂之后，菲普斯走进了办公室，而威廉却没有进去，他在工厂周围找了一圈，然后找到帕克先生说："我很高兴得知这批铁不适合炼钢，所以我们愿意以每吨多出 5 美元的价格进行收购。"因为威廉没有找到那些材料，所以他断定这些材料已经被用完了。事情就这么解决了，帕克先生也再没有提过这件事。

　　威廉总是在为难的时候向我倾诉。有一次，我去匹兹堡视察，他说想跟我说一个秘密。他告诉我上一次去德国的时候在他以前的同学家里住了一段时间，那个同学现在已经是教授了，而且当时他同学的妹妹也在那里住着，他们两个人相处得很好。回到匹兹堡之后，他又给那个女孩儿寄过小礼物，而且两个人之间也互通了信件。后来威廉就向那个女孩儿求婚了，虽然她是一个很有教养的女孩儿，但她仍然同意了。威廉本来想让那个女孩儿来美国跟他结婚，但是她的家人坚持让威廉去德国兴办婚礼。所以现在他不知道自己该不该去德国。

我劝威廉去一趟德国，因为那样会让女孩儿的父母安心。而且我向威廉保证，在他离开的这段日子里，我会打理好一切的。当威廉即将离开时，我问他："你的未婚妻一定是非常漂亮、高挑、甜美、温柔对吗？"他说其实他的未婚妻有点胖，他还用工厂中的一个动作对他的未婚妻进行了描述。（每当我读到这里和《每个人都必须自立》中的一段时，我都会大笑起来。现在是1912年6月的早上，我又读到了这一段，依然笑出了声）

我们的业务逐渐扩大，钢铁厂就由原本担任公司市场部主管的菲普斯先生负责了。于是我们提拔了威廉·L.艾博特来担任公司市场部主管。跟伯恩特相似，这位年轻人刚开始也是小职员，慢慢地才开始负责铁厂的业务。由于表现出色，他也成为了董事会的一员，并最终升到了公司总裁的职位。这所有的一切都是他自己不断努力的结果。所以我始终相信有付出就有收获。同样被选入董事会的还有柯里先生，因为他把露西高炉管理得真的很出色。知人善任并且适当地给予回报，是在商业道路上取得成功的法宝。

我们的工厂和麦克坎德里斯公司的运营并不理想，我认为继续经营下去我们的情况也不会有很大的改善，所以我决定把它并入埃德加·汤姆森钢铁公司，因为只有这样才能挽救这个公司。当我征求弟弟和菲普斯先生的意见时，他们表示反对，于是我把公司第一年的收入报表拿出来，并告诉他们这是唯一的出路。他们最终采纳了我的建议。

多年以来的经验告诉我，要想使企业获得旺盛的生命力，就要不断引进各种类型的新人。我们也不断吸收优秀的人才加入埃德加·汤姆森钢铁公司。克罗门先生经常夸赞铁路部的一个经理才思敏捷，我收购了克罗门先生的股份之后，发现那个人确实非常能干于是让他担任铁路线的审计员。

后来钢厂要开工了，这位审计员向我提交了一份人员结构计划书。我否定了他的设想，因为他把工厂分为了两个部门，让琼斯先生和史蒂文森先生分别担任管理者。两个地位相当的管理者是不可以在我的工厂里同时出现的，因为这势必会导致钢厂管理的混乱。就像一个军队不能有两个长官，一艘船也不能产生两个船长。

一番商讨之后，我们决定让琼斯先生作为管理者。琼斯先生是一个身材矮小但是朝气蓬勃的威尔士人。内战时期，他做过志愿军。开始的时候他是我们工厂的机械工，每天只有 2 美元的收入。但是当上"船长"之后，他就成为了一位不畏惧困难的、优秀的公司带头人。埃德加·汤姆森钢铁公司在他的带领下取得了巨大的成功。他在公司的出色表现也让他在贝西默钢铁行业中具有了显赫的名声。

多年以后，我们投票决定让他入股，这并不需他投入资金，只需要用利润来支付所购买的股份即可。但是他谢绝了，他说他现在已经够忙了，不想再考虑公司运作的事情，如果我觉得他有价值，就给他加薪好了。我答应了他，并且许诺给他跟美国总统相同的薪水。

钢轨制造业的竞争者以他们以前遇到的困难来衡量我们，断定我们第一年是不可能生产出钢轨的，所以并没有看重我们，但是事实证明他们是错误的。我们有一流的设备和人才，在琼斯先生的带领下，我们的业务前景一片光明。我们在全国各地都设立了代理商，并且以最优惠的价格吸引了大量的企业，获得了很多订单。

当时钢轨的价格是每吨 70 美元，我们第一个月的营业额就达到了1.1 万美元。我们完善的会计系统也为我们准确地计算出了利润率，而且还有专人对材料的转移进行核对。这样完善的管理，让我们的钢轨厂有了很好的开端。

钢厂的良好运行让我又想起了环球旅行的愿望，于是我和 J.W. 范德沃特先生于 1878 年秋天踏上了我们的旅程。临行之前我带了一些便签簿和笔，我并没有想到要出书，只是想把我写的日记印成铅字，然后在自己的小圈子里散发一下。我想当看到自己写的内容变成铅字时，一定会非常兴奋的。得到印刷厂送来的书时，我又重新读了一遍，觉得还说得过去，于是就把它们散发给了我的朋友们。

因为是为朋友们所写的书，所以我并不会担心受到批评。但是让我意想不到的是他们竟然非常喜欢这本书，至少有几个人是发自内心的欣赏。例如中央太平洋铁路公司的总裁亨廷顿先生和费城的大银行家安东尼·德雷塞尔等，他们都对我的书进行了赞美。

我至今还记得亨廷顿先生对我说的那番话，他说五年以来他除了账本和我的书之外，并没有通读过其他的书，这让我由衷地感到高兴。

还有很多人通过这些人也看到了我的书，并对我的文采进行了夸赞。其实对于这些评价，我并不是完全相信的，但是为了满足越来越大的需求，我还是又增印了几次。让我意想不到的是，这几次的增印竟然引起了媒体的兴趣，报纸上也开始刊登有关这本书的一些内容。这件事引起了查尔斯·斯克莱布诺儿子的兴趣，他要求给我出版，我答应了他的请求，于是我的第一部作品《环球旅行》问世了，我也因此而成为了一名作家。

我认为这次旅行是正确的，因为这次旅行彻底改变了我的世界观，也让我以前混乱的思绪成为了一个体系。在旅行的过程中我对斯宾塞和达尔文的理论产生了浓厚的兴趣。我开始了解进化论，并且用这个观点来审视人生的各个阶段。

在中国的时候，我了解了孔子，并读了他的作品；在印度的时候，我了解了佛学，并读了佛经和印度经典。我还从孟买的帕西人口中知道了拜火教。这次旅行也让我对"天堂就在你心中"有了新的理解。天堂就在我们心中，不是过去，不是将来，而是现在。不能寄希望于任何不切实际的幻想，我们所能把握的就是"此时此刻"和这个世界。

现在神学和韦斯登博格哲学都已经对我不起作用了。因为我发现虽然每个民族都有自己的信仰，但是每个民族的信仰也都不是完美的。在每个人的心中都会有一个根深蒂固的偶像，例如孔子、佛、耶稣，等等。我发现每种教义在伦理学上都有相似之处。我跟我的朋友马修·阿诺德说：

> "上帝的孩子们啊！上帝的眼睛永远都看着你们，
> 　对于我们建立的各种宗教，
> 　他不会轻视其中的任何一个。
> 　谁都会安慰悲伤的人，告诉他会有无穷的力量。
> 　谁都渴望甘露滋润心房，
> 　谁都可能会因为失意而哭泣，
> 　但是你必须要振作。"

就在这个时候，埃德温·阿诺德的《亚洲之光》出版了，这给我带来了很大的快乐，因为我刚去过印度，所以读这本书的时候，有种身临其境的感觉。与《亚洲之光》相比，我认为当时所读的所有作品都略逊一筹。后来在伦敦我有幸认识了这本书的作者，而他也对我的赞赏早有耳闻，于是他决定把他的手稿赠送给我，这让我感到无比激动，我始终把它当做最宝贵的东西来收藏。我认为每个环球旅行的人，都应该把所见所闻变为一本本铅字印刷的书，因为只有这样我们才能对整个旅行和整个世界有一个整体的、清晰的印象。这次环球旅行让我看到摆脱命运的束缚是全世界人们共同努力的目标。

如果你仔细阅读东方国家的宗教经典，那么你一定会受益匪浅的。因为每个国家的居民都认为自己出生的地方是最好的，而自己所信仰的宗教也是最好的。

我在《环球旅行》中曾提到过类似的事情。

当我们旅行到新加坡附近时，我们看到一户人家，大人穿着肥大的衣服正在地里劳作，孩子们正光着身子在烈日下玩耍，我让导游告诉他们，在我们的国家里，现在这个季节天上在下雪，小河会结冰，而且我们可以在冰上走动。他们对此感到很惊讶，并问我们为什么不搬来跟他们一起住。

还有一次，我们在北极圈附近，当时我们的导游是一位水手，他曾经去过伦敦、纽约、加尔各答、墨尔本等地。当我们经过一个海湾时，一个正在建的两层小楼吸引了我们的眼球，因为它的旁边都是稀稀落落的小棚。导游告诉我们，那个小楼的主人是一个特罗姆瑟人，他在外地发了财之后就回到了这里准备安家。我问他如果他发了财，他会选择在哪里安家，他的回答触动了我的心弦。他说他肯定会回到特罗姆瑟。虽然这里一年中有六个月的时间处在黑暗中，但是因为他出生在这里，所以他认为这里是最好的去处。

这次环球旅行让我认识到无论环境怎样，不管地理位置如何，世界各地的人们都认为自己的家园是最美丽、最富有吸引力的。同时我也发现一个真理，那就是虽然上帝并没有划分不同的种族，但是不同的民族却在不同的时代拥有了不同的标志。

第十五章　马车旅行和结婚

1877 年 6 月 12 日，我被授予了丹弗姆林荣誉市民的称号，这让我非常激动。在我看来这是对我的最高奖赏，因为在沃尔特·斯科特爵士之后，我是第三个获得这个称号的人。我从小就很崇拜沃尔特先生，我的父母经常会跟我描述沃尔特先生在丹弗姆林大教堂前作画的样子。为了表达内心的激动之情，也为了答谢我故乡的亲人，我决定发表一个演讲。

我把我演讲的计划告诉了贝利·莫里森舅舅，因为他是一位演说家，他告诉我演讲就是要把自己的真实感受说出来。他让我一定要记住这一点。我觉得很多的年轻人也应该记住，当你演讲的时候一定不要把自己当成外人，而是把自己当成一个普通人，然后就跟聊天似的把自己的想法表达出来。绝对不能伪装，因为那样会使你失去自我。我也曾向最受欢迎的演说家英格索尔上校请教过秘诀，他说："你就是你自己，不要瞻前顾后，也不用摇摆不定。"

我再次站在丹弗姆林的演讲台上是在 1881 年 7 月 27 日。那是我的母亲为我捐赠的图书馆奠基的日子，因为我知道我的父亲年轻的时候也办过小型图书馆，把书籍借给邻居们看。图书馆建成的时候我建议在门前刻一轮冉冉升起的太阳，然后写下"让阳光普照"的格言。

1867 年我跟乔治·劳德、亨利·菲普斯一起在英格兰旅行时我们就决定将来要驾着自己的马车欣赏布莱顿码头与因弗因斯之间的美景。现在我们终于可以实现这个愿望了。1881 年，我们 11 个人，从纽约出发开始了我这一生中最有意义的旅行。

在这次旅行的过程中，我只是把一天的经历缩减成几行字记在两便士的存折上。因为上一本书出版之后，我就不打算再出版图书了，只想能够在期刊上发表个小文章就好了。而且这种记录也可以帮朋友们留住美好的记忆。但是在一个寒冷的冬天里，我呆在家中，不想去3公里以外的办公室。正在无聊之际，我突然想到了那次快乐的马车旅行。没想到当天我就写了三四千字，以后每当气候恶劣的时候我都会窝在家里记录那次马车旅行的点点滴滴。20天的工夫我就完成了一本书，我让斯克莱布诺出版社帮我印几百本用来送给我的亲友。同样，这本书也得到了朋友们的喜爱。埃普林先生告诉我斯克莱布诺先生认为我的书非常具有吸引力，所以希望可以出版我的书。

我觉得对于写作，我总是那么爱慕虚荣，别人说几句夸赞的话，我就高兴得不得了。我最终同意了出版社的要求。（从出版到1912年，我每年都从出版社领一笔小额版税。）这本书出版之后，我收到了很多读者的来信，很多是残疾人士，他们在信中提到读到我的书，他们仿佛就看到了光明。其实我并没有刻意地追求什么，只是想把自己和朋友们的这段美好的回忆记录下来。写这本书的时候我是快乐的，所以读者读的时候也是快乐的。我让我的助手把这些来信装订成册，来纪念我出版的这本书。

1886年我被孤独地遗忘在了这个世界上，我亲爱的母亲和弟弟在11月份相继去世，这对我来说是一个莫大的打击。当时我也染上了风寒，躺在病床上，死神随时都会降临。我孤独地忍受着病痛的折磨，也许这也在一定程度上减轻了我的丧亲之痛。

当我从纽约出来的时候就感到有点不舒服，回到阿尔勒格尼山顶的乡间别墅时，我让医生帮我检查了身体，他说我染上了伤寒，于是我请来了纽约的丹尼斯教授为我诊治，又请了一位训练有素的护士。但是没过多久，母亲和在匹兹堡的弟弟都相继倒下了。

那段时间我非常消沉，性情也改变了。我只能天天都生活在回忆中，因为只有这样，我才能忘掉所有的病痛。所有的人都没有跟我提及母亲和弟弟的病情，后来当我得知他们都离我而去时，我也曾想到了死亡。

那个时候我的身体很差，根本没有好起来的迹象。对未来我并没有太多的奢望，如果有的话，那可能是路易丝·惠特菲尔德小姐。我们认识已经很多年了，他母亲允许我和她以及其他的几个姑娘一起到街心花园骑马。那时候我们几个人经常骑着马绕着纽约转圈。随着时间的慢慢流过，我发现除了惠特菲尔德小姐之外，其他的人都很平庸。我发现惠特菲尔德小姐具有我所知道的全部优点。我也建议小伙子们在选择伴侣之前一定要认真考察，只有这样才能获得你想要的幸福生活。

虽然我曾经喜欢过不少姑娘，发现了她们身上具有的各种优点，但是我始终没能接受其中的任何一个，因为她们总不是十全十美的。其实现在看来那种十全十美的人只能在我们的幻想中可以找到。

当我第一次向她求爱的时候遭到了拒绝，因为她已经为自己的生活做了很好的设想，她想找一个奋发向上、需要她的帮助的小伙子，她要成为丈夫的贤内助，就跟她的母亲辅助她的父亲一样。所以我的财富和前途反而成为了我的软肋，因为跟我在一起，她会觉得自己起不到应有的作用。

后来丹尼斯教授和他的夫人把我接到了纽约的家中看护了一段时间的。当我刚刚可以握笔的时候，我就写信给惠特菲尔德小姐让她来看我，也许这时候她看到了我的软弱，因为我已经没有了亲人。这一次，她从内心接受了我，并且愿意跟我在一起。1887 年 4 月我们在纽约举行了婚礼。至今我们在一起已经生活了 20 多年了，我仍然很爱她，如果还能找到更能表达感情的话，我一定不吝惜我的语言。

婚礼结束以后，我们就去怀特岛度蜜月了。她非常喜欢采野花，也许当她从书上读到的三色堇、勿忘我、樱花草等真正地呈现在她的眼前时，就燃起了她心中的热情。我一直希望她能够了解苏格兰。当然她以前也读过斯科特的小说和《苏格兰领袖》，但是她并未真正地在那里生活过。后来劳德姨父和我的表哥来到美国，告诉我们苏格兰的基尔格拉斯顿是一个避暑的好去处，他们已经为我们安排好了一切，希望我们能去。很快，我的妻子就变得比我还像苏格兰人了。

我还带着妻子去了丹弗姆林，在那里我领着她去看了我以前住过的地方、玩过的地方，而她也在当地听说了我的一些趣闻。这一切都让她对我产生了良好的印象，同时这也是我们生活的一个好的开始。

在北部的爱丁堡我也被授予了荣誉市民的称号。罗斯伯里勋爵也作了演讲，我也在一个大礼堂对工人们作了演说。工人们对我们很热情，并分别送给我和妻子一枚胸针。我的妻子很喜欢那份礼物，她是一个土生土长的美国人，而且是一个标准的康涅狄格清教徒。在那里她被美妙的笛声吸引了，并且希望伴着这美妙的声音入睡亦或是起床。于是我们聘请了一位风笛手，来到基尔格拉斯顿的住处，每天为我们演奏动听的旋律。

虽然我的妻子非常期望能够早日回到高地的家，但是在基尔格拉斯顿的快乐始终吸引着她。她非常有礼貌，跟我的亲戚们特别是父辈们相处得特别融洽，有的时候他们会调侃说这么优秀的姑娘怎么能够看上我呢。我说这也许就是上天注定的。我的朋友马修·阿诺德、尤金·黑尔夫妇、布莱恩夫妇等都来拜访了我们，给我们带来了很多欢乐。

在基尔格拉斯顿度过一段愉快的时光后，我和妻子连同我们的女管家、风笛手、仆人们一起踏上了返回纽约的旅程。直到现在尼克尔夫人已经跟我们在一起生活了20年了。不久之后男管家乔治·欧文、女佣马吉·安德森也来了，我们生活在一起很开心，就跟一家人一样。

在手风琴手的建议下，我们买下了克鲁尼城堡，并把它当做了避暑之地。在此之前，我们曾听手风琴手说起这里的风土人情，因为这是他的故乡。

我们的女儿在1897年3月30日出生了。妻子要求用我母亲的名字给她取名，我同意了，我的女儿就叫玛格丽特。后来妻子提出要有自己的避暑之所，因为我们已经有了自己的女儿，不能搬来搬去的。在妻子的建议下我们决定在苏格兰高地上选一个地方。最终我们把房子选定在斯基伯。这是我们两个人都愿意去的地方。我想将来我们的女儿也一定会爱上那里的。

现在我的妻子已经陪我走过了 20 多年，在这 20 多年的时间里，是她安慰了我失去亲人的那颗脆弱的心，也是她抚平了我内心的创伤。能够跟她在一起我真的很高兴。结婚之前，我已经发现她具有我所知道的所有优点，但是结婚之后，我发现她比我想象的还要优秀，她沉着、冷静、颇有大将风范，有好几次遇到紧急状况时，她都首先显示出了冷静。她还是一个和平使者，不管到哪里，她总会给别人带来关怀和和平。她就跟我的母亲一样受人欢迎。

我的妻子总是为别人着想，总想着怎样才能把别人从困难中挽救出来。而且她从未与人发生过争执，就算是在少女时代，我也没听说她与谁闹过矛盾。凡是见过她的人，都认为她是非常完美的。当然她对自己是非常苛刻的，她总会要求自己举止言谈都要大方得体，同时她对朋友的选择也有很高的标准，所以她的密友都是高尚的人。

我非常感谢我的妻子能够陪我走过这 20 多年的时间，我真不知道如果没有她我的生活是否还会充满快乐，也不知道如果有一天她离我而去我会怎么办，但是我知道按照常理来说她不太可能先我而去，但是如果我先离去了，谁来照顾她呢？她始终是个女人，需要男人的臂膀来依靠。不过我们还有女儿，我相信，我的女儿会照顾她的。

我有时会问自己，为什么当我们找到了人间天堂之后，还要离开。这时我会用杰西卡的话来表达这种心情：

"已经很满足了，

巴沙尼奥勋爵的生活温馨而快乐，

因为他有爱妻的呵护，

他找到了人间天堂。"

　　有时候得到了就是快乐的，拥有过就是幸福的。我们终归要离开这个世界，但是这个世界留给我们的幸福，已沁入我们的灵魂和心灵深处。

第十六章　工厂和工人

英国的钢铁制造业教会了我一个道理，那就是一定要保证原料的畅通供应。埃德加·汤姆森工厂的钢轨问题解决以后，我们决定开始下一步计划，那就是自己解决生铁原料的供应问题。我们自己建造了两座高炉，另外在克罗门先生的建议下买下了埃斯卡那巴造铁公司的一座高炉。二手炉并不如新建的好用，但是买下它并不比新建一个炉子花费少。这让我们很上火，但是后来它也为我们带来了不少的利润。这也给我们带来了些许安慰。

那时候美国只有一家生产镜铁的工厂，而且所有的锰铁都要以每吨 80 美元的价格从外国进口。因为这两种原料对我们来说是必不可少的，而且我们买的那个二手炉子的大小也非常适合加工这种原料，于是我们决定自己生产。在高炉经理朱利安·肯尼迪先生的建议下，我们成为了美国第一家生产锰铁的工厂（很多年来一直是唯一的一家）。锰铁提炼得非常成功，我们以每吨 50 美元的价格抢占了美国市场。

很多欧洲人来到弗吉尼亚矿山购买矿石，矿主们并不知道他们买回去是为了提炼锰铁。当我们发现这件事情之后，马上决定买下整座矿山，因为矿主们（其中一个是年轻有为的戴维斯先生）没有技术和资金，所以同意转让给我们。从发现矿山提炼锰铁，我们仅用了很短的时间，这是大集团公司无法比拟的。因为那些公司要征求董事会的意见，那样往往会耽误很长时间，错失很多良机。后来我们对整座矿山进行了考察，发现这里锰铁产量非常高。我们花高价从矿主手中买下这个矿山是明智的。

为了确保高炉的正常生产，我们不断地扩建高炉车间，直到最后达到了我们满意的标准。我们现在已经拥有了一个每月能够生产 5 万吨生铁的加工厂了。

为了确保生产的顺畅性，我们决定增设一个高炉部。当时我们没有足够的燃料来熔炼生铁，经过一番考察，我们发现弗里克焦炭公司具有最好的煤和焦炭，而弗里克也是一个非常具有管理才能的人，他的才能在他还是铁路部门的小职员时就已显现出来。于是 1882 年，我们出资购买了他们公司的一半股份，不久后又从其他的股东手中得到了一部分股份，最终成为了这家公司的最大股东。这样我们就有了足够的煤和焦炭。

这时候如果我们能解决铁矿石的供应问题，我们就有足够的实力来与欧洲的两三家最大的公司竞争了。当时我们发现蒂龙地区附近的矿石质量较高，于是我们决定在这个地方投资。事实证明我们被表面现象蒙蔽了，这其实是一座贫矿，由于受到河水的冲刷才提高了矿石的纯度。这次投资是错误的，也让我们付出了惨重的代价。

后来我们又在宾夕法尼亚群山中租了一座高炉，让化学家普鲁瑟先生去那里指导原成分的分析。我们并没有打算从匹兹堡派人过去，于是鼓励当地的人帮他采集矿石样本。但是那时候化学知识对所有的人来说都很陌生，更不用说那些稀奇古怪的仪器了。所以没有人愿意去帮助我们的化学家去运用"邪恶的力量"来分析矿石。在这种情况下，我们不得不改变计划，从匹兹堡派人去同化学家一起进行研究。

不久之后我们收到了化学家寄来的一份报告，这份报告显示出摩西·汤姆森先生所拥有的矿山的矿石中并不含磷，这种矿石非常适合贝西默炼钢。于是我们找到了这个在宾夕法尼亚中心县最好地段拥有7000 英亩土地的富有农场主，我们希望能从他的手中得到这个矿区。令我们高兴的是五六十年前，这个矿山也曾被开采过，只不过当时的技术太低，无法融化含铁量如此高的矿石，所以这个矿山没受到应有的重视。

经过协商我们获得了六个月内接管这个矿的权力。获得这个权力之后，我们马上投入到了勘测中。我们决定在付清10万美元之前，必须对这个矿山有一个清晰的了解，这也是每个买主所要进行的工作。我们以纵向50英尺、横向100英尺的间隔为考察线路，把80根标杆分别插在每个交点处。每个点都取了不同的深度进行考察。这次我的表兄劳德先生帮了我们的大忙，他把采矿和洗矿的成本降到了最低，而且这次投资的成功在一定程度上挽回了上一次的损失。我想我们坚定自己寻找原料的信念是非常正确的。

我有过成功，也有过失败，有的时候我会徘徊在失败的边缘。有一天我路过国家信托公司在匹兹堡佩恩街的办公室，被办公室窗户上"股东都有责任"几个镀金大字吸引住了。当我发现我们公司有20股"国家信托公司"的股份时，我对亨利说希望他能够尽快地把这些股份卖掉。虽然亨利并不情愿，但在我的劝说下他仍然答应了我的要求。

不久之后这家银行就因为严重的赤字倒闭了。包括我的表兄莫里斯先生在内的很多股东都受到了严重的损失。当然如果我没有提前卖掉手中的国家信托公司股份，我也会出现在受害股东的名单上，虽然只有20股（价值2000美元），但这足以让我们公司的信誉遭受损害，有可能还是致命的伤害。这是一条铁的规则，不管你有多少钱，不管你想怎样支配它们，那么请记住不要让自己的名字出现在需要负责任的名单上。

钢的时代即将到来，铁的时代即将过去，这是一个不争的事实。就连我们的吉斯通桥梁公司也越来越多地使用了钢。于是1886年，我们决定在埃德加·汤姆森钢铁厂附近再建一个新厂，用来生产各种型号的钢材。

匹兹堡有五六家工厂在荷姆斯泰德修建了几座钢厂，开始的时候他们想冶炼钢材，但是他们没有炼生铁所必需的高炉，也没有焦炭做燃料，所以根本无法与我们竞争。后来他们发现钢轨市场前景大好，所以决定生产钢轨，但是他们原先修建的钢厂并不是为冶炼生铁钢轨建造的，于是他们决定把钢厂卖给了我们。

我们建议这些制造商跟卡耐基兄弟公司合并，并提出了很公平的条件：用1美元抵1美元，他们修建钢厂用了多少钱，我们就给他们多少钱。这让他们感到很安心。同时我们让他们自己选择是入股还是要现金。最终只有乔治·辛格打算入股，这让我们很庆幸。其实买下这些工厂，对我们双方来说都是有利的。

1886年我们决定对公司进行重组，于是组建了卡耐基—菲普斯公司，主要负责荷姆斯泰德的钢厂，而且把威尔逊和沃克公司也并入了这个公司，我们决定让沃克先生出任总经理。我的弟弟是卡耐基兄弟公司的总裁。为了符合市场需要，我们在荷姆斯泰德钢厂附近建了哈特曼钢厂，主要生产荷姆斯泰德钢厂不能生产的某些型号的钢材。这样我们就可以生产市场上所需要的任何一种钢材（从小线钉到20英寸的钢梁）了。

如果要生产1吨的钢，我们需要在100英里以外的矿山上开采1.5吨的矿石，然后用铁路运到河边，再用船运几百英里，最后再用火车运送150英里到达匹兹堡；我们还需要开采1吨石灰石，运送150多英里的路程到达匹兹堡；我们还需要开采1.5吨的煤，然后把这些煤制成焦炭，运送到匹兹堡。怎样才能把这3磅钢材价的格压到2美分，以保证盈利，虽然在大家看来这是根本不可能的事，但是我们可以骄傲地说我们确实做到了。

虽然美国工人的工资很高（这样他们才能安心、快乐地工作），但是我们仍然让美国炼钢的成本降到最低，成为了世界上炼钢成本最低的国家。我们可以生产出与别的国家同样便宜的钢材，所以连贝尔法斯特公司也成为了我们的客户。

美国具有很好的国内市场，这是一个不可忽视的优势。这让我们不必为出口价格比实际成本低而担心，因为只要做到补偿收支平衡就可以了。所以，如果一个公司拥有好的国内市场，而且又能实现产品的标准化生产，它一定能够在与国外产品的竞争中取胜，我曾把这个理论概括为"盈余法则"。

在这种有利的市场条件和完善的管理下，我们公司获得了很好的发展。1888年，我们投资的金额是2000万美元，而到1897年，我们的投资数额比原先的两倍还多；1888年我们的焦炭炉的数量为5000座，1897年，我们的焦炭炉的数量比原先的三倍还多；1888年我们钢铁的日产量是2000吨，1897年超过了6000吨；1888年我们的生铁产量是60万吨，1897年比原先翻了三倍，将近200万吨。而1897年我们的弗里克焦炭厂已经拥有了4.2万英亩的煤田，面积超过了原来供货商的三分之二。这十年的时间里我们飞速发展，因为我们始终坚信一个道理：像我们这样的公司如果停滞不前，很快就会被不断发展的国家淘汰。我们不愿被淘汰，所以只能不断地向前发展。

第十七章　荷姆斯泰德罢工

1892 年 7 月 1 日，在荷姆斯泰德发生了一件让我感到痛心的事情，直到现在想起这件事，我的心仍会隐隐作痛。26 年来，我总是积极地维护与工人之间的关系，而且时常会想起在宾夕法尼亚铁路公司时第一次受到下属们欢迎的场面。但是令我失望的是在 1892 年 7 月 1 日，我们的工人和董事会之间发生了严重的冲突。

当时我正在苏格兰高地，并不在现场。所以很多人都说我是在故意逃避荷姆斯泰德的工人罢工，对于这件事，菲普斯先生在 1904 年 1 月 30 日的《纽约论坛报》上替我进行了辩解。

当时钢铁行业出现了一种新的炼钢法——贝西默平炉炼钢法，为了采用这种新的方法，我们花费几百万元在荷姆斯泰德新建了厂房，改进了设备。使用这种新的设备产，量比原先提高了 60%。当时我们有 280 名工人，他们当时的工资是以生产的吨数来计算。这些人与我们签订了三年的合同，在第三年我们使用了新的设备之后，他们的工资也就相应地提高了 60%。因为这些工人的劳动强度并没有增加，所以公司决定把其中的 30% 归公司所有，用于支付设备更新的费用。

一般来说，工人们会很高兴在没有多付出汗水的同时能够拿到更多的工资，但是这 280 个人坚决要求拿到提高的 60%。因为当时我们正在为政府生产钢，工期非常紧张，他们认为在这种情况下，我们一定会妥协。但是公司并没有同意他们这种"落井下石"的做法。我想如果我在的话，也是不会向他们妥协的。

当公司与工人发生矛盾时，不是找新的员工来代替他们，而是跟这些工人们讲道理，指出他们要求的不合理之处，然后耐心等待他们听从公司的安排。所以我觉得公司的这个决定是正确的。但是荷姆斯泰德钢厂的主管是一个刚从下面提拔上来的人，对很多事都不是特别了解，他听信了3000名不涉及纠纷的工人们的话，他们保证不与由280个加热工和轧钢工组成的联盟合作，会保证工厂的正常运转。这位主管错误地认为这3000名工人会信守承诺，于是他的这种错误又误导了我的合伙人。

现在回想起来，公司不应该开工，因为当时是3000名工人与280名工人之间的矛盾，那时这280个人都持有枪炮，对这3000个人构成了威胁。就像那个主管向我报告的一样，这3000名工人当中有很多人有能力也希望取代这280名工人的位置。所以主管应该对这3000名工人说，如果你们不顾及安全那就来上班吧。或者公司应该对这两边的人说，你们要首先解决内部问题，然后再来找我们，如果你们不解决矛盾，公司不会开工，但会一直为你们保留着职位。这样一来所有的责任都推到了他们身上。但事情已经发生了，一切设想都是不可能实现的。暴乱发生以后，州政府派出了警力来保护这3000名工人。

我希望两边的工人们都能够明白公司让他们停工，并且等待着他们主动回厂，我们根本没想到要用新人来替代他们。在我们看来我们所重用的工人都是精英，他们不可能被解雇，即使是在公司最困难的时候也不会。所以他们也不可能在大街上找工作，只有那些游手好闲没有能力的人才会想到去找工作。让一批新的员工熟练地操作复杂的机器是不现实的。而且老员工本来就对新员工有积怨。我们雇佣新人之后必定会引起那些原先支持我们的人的反感，而面对他们的指责，我们也是无话可说。不是吗？

假如当时我在美国，我也会劝说老员工开工，就如同那个主管一样试一下他们是否真的信守承诺。而且打算用新员工的主意也不是我的合伙人提出的，而是老员工提出的，弄清楚这一点对我们来说是非常关键的。因为我们的原则是不使用新员工，但是老员工提出了这个要求，这也不算违反我们的原则。后来罢工者枪杀了州政府官员，现在想想，如果当时我们等到老员工主动要求开工该多好啊，但是事情已经发生了，幸亏宾夕法尼亚政府的 8000 名士兵，很快控制了整个局面。

在罢工和发生冲突的这段时间里，我一直在苏格兰高地旅行，对此一无所知。在我的一生中我从没受过这种来自工人们的打击。荷姆斯泰德罢工在我的心中留下了难以抹去的伤痛。当时改进新设备以后，工人每天的工钱比以前提高了一倍以上，结果他们仍然不满足现状，这是多么不应该啊。

我很感动工人领袖给我发来了电报，询问我应该怎么做。但是一切都太晚了，事情已经发生了，政府已经控制了整个工厂。

在苏格兰的时候我还收到了很多朋友的来信，他们都在安慰我。格拉德斯通先生也写来了信：

亲爱的卡耐基先生：

一直以来我跟我的妻子都非常感谢您的恭贺，现在您被安上了这么大的罪名，我们也绝对不能袖手旁观。我希望您不要太在乎那些谣言，尽快从痛苦中走出来。我迫切地想知道我能够帮您做点什么，但是现在能做的只是跟您说一下我心里的感受。我知道这件不愉快的事情已经发生了，但是所有了解您的人都会一如既往地支持着您。

在当今的社会中金钱就像魔鬼一样吞噬着人类的灵魂，我永远都坚定地支持您对这种行为的抨击。

相信我。

真诚的 W.E. 格拉德斯通

格拉德斯通先生的来信把他的同情心充分地表现了出来。他对任何人都非常容易产生同情心，例如那不勒斯人、希腊人、保加利亚人等。

大家都不知道罢工的时候我在苏格兰，也不知道我对此一无所知。一句"卡耐基工厂有人被杀"就可以让我背上多年的罪名。但是事实也没有这么残忍，还是有很多人支持我、相信我。

当时有一个调节劳资双方矛盾的团体——全国市民联合会，这个团体是由劳资双方共同参与的。全国市民联合会主席马克·汉纳议员突然去世了，于是副主席奥斯卡·施特劳斯邀请我去他家共进晚餐。在快散席的时候，施特劳斯先生当着官员团体的面提出让我继承汉纳先生的位置。然后在场的几个工人领袖也站起来表示同意。虽然汉纳先生是我的朋友，但是我不能保证我能做得跟他一样出色，因为我每年夏天都会去苏格兰高地避暑，所以没有充足的时间来处理这里可能发生的暴乱。

我知道他们这么做是为了安慰我受到创伤的心灵。他们不在乎荷姆斯泰德发生的那次暴乱。工人们的信任和同情让我感到非常激动，于是我申请加入执行委员。大家一致通过了我的请求，就这样我不再为那次暴力冲突事件感到内疚了，因为他们并不认为我要对这件事情负责，对死去的工人负责。

在当天的晚宴上有两个来自匹兹堡的工人代表怀特和谢菲尔，他们向其他代表介绍了我以前跟工人们融洽相处的情况。而且曾读过我早年写的劳工文章和演讲稿的奥斯卡·施特劳斯先生也为我作了辩护，我非常感激他们能够在这个时候站出来为我说话，还我一个清白。

后来工人们和他们的家人为我在图书馆举办了欢迎会，我也为他们作了一次真诚的演讲，当我说"资本、工人和雇主就像三条腿的凳子一样，缺一不可"时，底下响起了雷鸣般的掌声。就这样，我的手又和工人及其家人的手紧紧地握在了一起。

这件事情过去不久之后，我的朋友约翰·C.范·戴克（路特格斯大学教授）告诉我的这件事，让我知道这次罢工产生的影响并不只有这些：

1900年春，我从加利福尼亚的瓜伊马斯出发，去了我朋友的农场，我们打算从那里出发去索诺拉雷暴群山狩猎。因为我朋友的农场在远离城市的郊外，所以我一直以为那里只有墨西哥人和印第安的雅基人，但是我竟然在那里发现了一个美国人。他用熟练的英语告诉我们，他以前是荷姆斯泰德的一位熟练的机修工，拿着很高的薪水，有一个美满的家庭，因为表现出众还他被选为荷姆斯泰德的镇长，但是1892年的那场工人罢工运动，把他的人生彻底改变了。

当工人罢工运动发生之后，麦克卢基站在了工人的一边，当时很多侦探来到荷姆斯泰德，他认为这些人侵犯了他们的地盘，于是作为镇长的麦克卢基下令逮捕这些私家侦探，让他没有想到的是，他的这个命令使事态恶化了，而且引发了流血事件。

罢工失败之后，麦克卢基成为了"凶手""叛贼"，法院下令批捕他，于是他逃到了国外，希望可以躲避一下风头，但是美国已把他列到了钢铁工人的黑名单上，无论走到哪里都没有人会雇用他。没过多久，他的钱就花光了，妻子死了，家庭破碎了。在走投无路的时候他来到了墨西哥，我碰见他的时候，他正在当地的矿上找活干，但是那里需要的都是廉价劳动力，他所拥有的一身本领，根本派不上用场。我非常同情这个聪明又无辜的年轻人，但是我并没有告诉他我认识卡耐基先生。

麦克卢基也并没有责怪卡耐基先生，并且在他的印象中，如果"安迪"在的话，事情是不会发展到这一步的。在他的心目中"安迪"始终会站在工人一边的。

在那一个星期里，我经常会碰到他。离开那里之后，我就给卡耐基先生写了封信，告诉他这件事情。这个男人受到的惩罚太严重了，这根本就不是他的错。我很快就收到了卡耐基的回信，并且在信纸的边上写了几行字，让我给麦克卢基一笔钱，多少都可以，但是不要提他的名字。我立刻告诉麦克卢基说我要给他一笔钱，但是他谢绝了，也难为他相信凭借自己的实力可以重新获得成功。我非常佩服他的这种精神。

后来我听索诺拉雷暴铁路公司的总经理说麦克卢基在铁路部门的钻井部找到了一份工作，而且工作得很出色。后来我又在瓜伊马斯遇见了他，那时候他已经生活得很不错了，不仅有一份稳定的工作，而且还娶了一位墨西哥妻子。我忍不住跟他说出了实情，让他知道当初打压他的人并不是不近人情。

当我告诉他当年那笔钱是安德鲁·卡耐基的钱时，他非常吃惊，他激动地说："那个该死的白发的安迪？不会吧？"

我知道麦克卢基是一个好人，当时已经有3万美元的资产，但是暴力事件发生以后，既是镇长又是公会主席的他必须被批捕。而可怜的麦克卢基先生也不得不选择放弃荷姆斯泰德的一切而选择去逃亡。

我曾经宣布我的碑文上只写麦克卢基对我的评价，所以报社刊登了这个故事之后又增添了一个幽默的故事。从这件事可以看出我对工人是非常友善的。

第十八章 劳工问题

下面我想用身边的例子来说明我是怎样处理劳资纠纷案的，同时也可以作为劳资间道德标准的参考。

钢轨部高炉车间的工人并不满足于我们给他们的工资，有一次，高炉车间所有的工人发表声明，宣称如果周一下午四点之前仍然没有收到公司给他们加薪的通知，他们就会罢工。这些工人的合同到年底才结束，所以就算在他们撕毁合同之后再签一份也是起不到任何作用的。我不想让事情闹大，更不希望与工人们发生不愉快的事情，于是我连夜向工厂赶去。

第二天早上刚到工厂我就召集了高炉部、轧钢部、吹炼部的公会代表。我认为和气是一种修养，而且每当见到工人时，我都有种说不出的兴奋。于是我像以前一样非常客气地招待了他们。虽然工人们都特别朴实、真诚，而且越深入地接触就越能发现工人们的高贵品质，但是他们也会有自己的偏见和"红布"（易被激怒的事物）。就如巴利所说的一样——"多特罗斯勋爵会把事情做好，但和女人在一起时，总会被误导"。工人们有偏见的主要原因不是敌意，而是无知。

我们几个就像聚会一样，都摘下帽子，然后工会代表们在我的面前围成一个半圆。我用非常和气的语调问麦克凯老先生（轧钢部门的工会主席）我们之间是不是有一个协议一直到年底。这位老先生缓缓地摘下他的眼镜拿在手里，然后抬起眼睛跟我说："是的，先生，并且你根本没有足够的钱让我们毁约。"我说："很好，这不愧是一位美国工人说的话。"然后我又问了吹炼部工会主席约翰逊先生同样的问题，这个瘦小的工会主席用沉着的声音告诉我，他在签署合约之前必定会仔细阅读一番，如果合理，他肯定会签，而且还会坚持下去，如果不合理，他也不会签署。我说这不愧是一个有自尊的美国工人说的话。

然后我又问高炉部的工会主席凯利："我们是不是也有一份到今年年底的合同？"这个爱尔兰人说他不清楚。他只记得自己签字了，但是至于上面写的是什么内容他根本就没有注意。这时候琼斯经理并没有控制住自己的脾气，他冲动地反问凯利："我为你读了两遍，还跟你一起讨论了这其中的内容，难道你不记得了吗？"我让琼斯冷静一下，并且说我以前也曾经在律师和合伙人的要求下，在不知道内容的纸上签过字，所以像凯利先生所说的这种情况我是可以理解的。但是在我看来现在最好的方法并不是终止合同，而是继续把合同上写的四个月干完，这样我们双方就没有关系了。以后如果再签署什么合同，只要小心一点就行了。

我的话说完以后，凯利先生并没有作出回答。于是我站起来说："大家请注意，高炉部的先生们已经发表了联合声明，说如果今天下午四点之前还不给他们涨工资，他们就会自行撕毁合同，离开高炉部（这意味着灾难）。现在还有一个小时到四点，但是答案已经很明显了，公司允许你们离开高炉部，但是你们要注意，最糟糕的事情就是工人自己撕毁了合同。这就是我给你们的答复。先生们请你们自己考虑一下吧。"

我说完这番话后，工会代表们都陆续离开了办公室，剩下的几个管理人员也沉默了。后来有人在过道里碰到了这些工会代表，回来跟我们说有一个戴眼镜的人推了那个爱尔兰人一把，还对他进行了责备，告诉他不要再耍什么把戏。我知道这是麦克凯先生在教训凯利，这就意味着事情已经被我摆平了。

后来我听说那天高炉部的工人们都在焦急地等待着凯利和工会代表的到来，让他们意想不到的是，凯利一进门就大发雷霆，让这群人赶紧回到自己的岗位上去干活，还说："那个小个子老板不会宣战，但却会沉默对抗。"这一次他真的见识到了小个子老板的厉害。

凡是具有爱尔兰血统的人都有一点古怪，他们并不是不可理喻。当你真正地了解他们之后，你就会发现原来完全可以跟他们成为朋友。凯利也是如此，他后来成为了我忠实的朋友。在这之前他在工厂是最不安分的一个，跟我成为朋友之后，他就变得温顺多了。我始终坚信一个真理，只要工人们没打算站在首领的一边，我们就应该依靠大多数的工人。但是当他们对自己的首领表现出忠诚时，他们就会不计一切后果地为首领服务。这让人感到敬佩。其实工人们想要得到的仅仅是公平，并没有其他过分的奢望。

还有一次我成功地解决了钢轨工人罢工的事情。当时一个部门的134个工人秘密联合在一起，要求年底加薪。但是第二年的经济很不景气，很多公司都在减薪，在这样的情况下，他们依然决定罢工并要求我们加薪。高炉一直处于关闭状态，公司停产之后，很多工人也加入了要求涨工资的工人的队伍中。

当我得知高炉已经灭火之后，我非常气愤，因为这是不符合合同要求的。我决定马上跟工人们见面，但是他们却用一张字条来回答我。字条上写着他们已经离开高炉部了，如果见面只能等到明天了。这简直就是在我面前耍威风，于是我故意说："告诉他们我明天就不在这里了。总是用停工来威胁我，我现在已经不吃这一套了。停工就停工吧，我相信有一天这些人会想开工的，如果想要开工，那么在以后的三年之内就一定要实行新的工资政策——依据产品售价的变化制定浮动工资。这些工人们一再地逼我让步，现在我们也该实行强硬的政策了。"说完这些之后，我跟我的合伙人说下午我就要返回纽约了。

工人们听说了这件事之后，有些恐慌，他们要求在我离开之前，务必跟我见一面。我很高兴地答应了他们的要求。

那些工人们赶到了我的办公室，当时班尼特先生也在场，于是我说："先生们，你们的主席真的是一个预言家，他说我肯定会出面跟你们一同解决问题，事实也是如此，我一直也是这么做的。他还预言我不会跟你们发生冲突，这也是正确的，因为我确实也是这么想的，班尼特先生的预言都是正确的，但是他没有意识到他犯了一个错误，他说我不敢反抗你们。先生们，我虽然不会跟你们发生冲突，但是我知道如何让你们屈服。我是一个苏格兰人，我知道如何来击败任何一个工会。现在我决定只有三分之二的人投票通过时我们才会开工，并且开始实行浮动工资制。"

会议结束之后，大家都安静地离开了。我也回到了纽约，半个月之后，从匹兹堡来了三个人（其中一个是德高望重的绅士）想要拜访我。我让仆人问他们是不是熄灭高炉。仆人回来告诉我说不是。于是我热情地邀请他们进来，非常欢迎他们的到来。

他们是第一次来纽约，所以对这里的一切都很好奇。我跟他们一起谈论着纽约有趣的人、有意思的事。我知道他们是为了工厂开工的事情来的。但是在没有投票的情况下，我是坚决不会同意开工的。

那位绅士终于没有沉住气，他说："卡耐基先生，我们此行是想和你谈谈工厂的事情。"

我问他们工人是否投票了，他们都摇了摇头。我说："如果工人们没有投票，而且同意开工的人不超过三分之二的话，我是不允许开工的。先生们，你们都是第一次来纽约吧，让我带你们去第五街和中央公园玩一下吧。"

我们一起领略纽约的魅力，谈论着除工厂以外的各种各样的话题，他们玩得很高兴。下午一点的时候，我们回到家中吃了午饭。美国工人有一个文明的传统，当他们用餐时都会表现得彬彬有礼，这与其他国家的工人不同。他们对我们的招待很满意，吃过午饭后，他们就告辞了。

他们回到匹兹堡不久之后，工人们就投票了。除了极个别的人之外，大多数的人都表示同意。于是我拿着新的工资标准来到了匹兹堡，新的工资标准，把工人和我们拴在了一起，一荣俱荣，一损俱损。除规定了保障工人生活的最低工资之外，大多数情况下，工人的工资是按商品的售价来决定的。

新的工资标准颁布以后，工会主席说他希望可以允许工会的头领替工人与我签订合同。我同意了，同时我也提出了要求，希望工会头领签名之后，再让工人们自己签名。因为这个制度是要维持三年的，只有工人们亲自签了这个合同，他们才会明确自己的职责。

班尼特先生沉默了一会儿，然后跟他身边的人耳语道："天啊，这下真的全完了。"当时整个会场很安静，我清晰地听到了班尼特那失望的声音。

这一次我用迂回委婉的办法平息了这场风波，我知道如果不让工会头领签名的话，他们肯定会不满意，有可能会挑起争端。但当我同意让他们签名以后，他们就不可能不答应我的要求。实际上工会头领们根本没签名，因为工人们拥有了亲自签名的机会，用不着工会头领们代劳了。

这件事结束以后，工人们发现工会并不能起到什么作用，于是停止缴纳会费，不久之后公会解散。这件事发生在 1889 年，到现在已经有 27 年的时间了，这 27 年的时间里，我再也没有听说过有关工会的什么事情，而且那时候制定的工资制度也从未改变。工人们不愿意改变，我当然认为这是一种对双方都有利的工资制度。

我发明的这种浮动工资制度有效地解决了劳资问题，也是我的一个创举。从此以后，劳资双方再也没有发生过矛盾，他们只会共担风险，共享利润。对于一种新的工资制度，并不是要明确规定期限的，而是要先进行一段时间的实验，当你发现六个月或者一年之后，这种工资制度依然非常完善，并没有引起工人的不满，那么这种工资制度就可以维持很多年。这次浮动工资制度的实行就是一个成功的例子。

一些小事有时也会成为我处理劳资问题的武器。下面我说两个最典型的例子。

有一天，一个工人委员会提出了一些非常无礼的要求，让我有些摸不着头脑，当然我没答应他们。后来有人跟我说这些人之所以会提出这些要求是因为受了一个人的蛊惑。这个人虽然在我们的工厂上班，但是私下里还经营了一个小酒吧，很多工人都在他那里欠了钱。

跟工人们见面是我非常喜欢的一件事，因为每当看到工人们真诚的脸时，我的心中就特别高兴，而且很多人我都能叫得出名字。这次也不例外，我跟工人的首领相对而坐，当我陈述完自己的观点之后，大家并没有发言，而那个工人首领却戴上了自己的帽子准备离开。我发现了他的这个细小的动作，决定抓住这个机会。于是我大声地说："在场的先生们，我相信你们都是绅士，那么有哪位绅士还会戴着帽子呢？所以请大家摘下自己的帽子继续开会，如果不摘，那么请你马上离开。"我知道我的这句话已经把那个工人首领逼到了绝境，如果他戴着帽子离开，那么大家肯定会认为他非常没有素质；但是如果摘掉帽子继续开会的话，他就会颜面尽失。我并不在乎他会怎么选择，因为无论怎样，最终获胜的还是我。只见他神色凝重地慢慢摘下了帽子，会议继续进行。在接下来的时间里，这位工人首领始终一言未发。后来我从一个工人口中得知，他已经辞去了工人首领的职务，当然在这次纠纷中我又取得了胜利。只要你细心观察，有时候一件小事就会帮助你取得成功。

还有一次是我提出三年的浮动工资制度时，工会选了 16 个人跟我谈判，但是刚开始并没有取得什么进展，我觉得这样谈判下去也是徒劳的，于是说纽约那边有急事要办，我必须在第二天赶回去。工人们听说我要走之后非常着急，并申请让 32 个人跟我谈判。参加谈判的人越多，就说明工人之间的矛盾越大，所以我很高兴地答应了他们的请求。当这 32 个人来到我的办公室之后，比利·爱德华兹（他是一个非常优秀的职工，后来被提拔到很高的职位）第一个发言，他说他们并不反对浮动工资制度，但是在具体实施的时候可能会不公平。有时候有的部门会得到好处，而有的部门却得不到。但是当我让他们说怎样不公平时，各个部门又发生了争执。

比利说："我们接受按产量计报酬，但是我们认为再分配上是不合理的，现在您可以解雇我了，亲爱的卡耐基先生。"

我说："大家都要冷静，我不会解雇你们其中的任何一个人，因为你们都是一流的技术工人，解雇你们就意味着犯下不可饶恕的错误。"

我的话一说完现场就发出了一阵笑声，然后是热烈的鼓掌声。有的时候金钱并不是解决劳资问题的唯一方法，尊敬、公平也会帮你解决令人烦恼的劳资问题。在工人们的掌声和笑声中，我们和平地解决了这个问题。在大家友好的相处中，解决一些小的矛盾其实没有那么困难。

有的时候如果老板愿意为工人们多出一点钱，那么他们就能生活得更好一些。我觉得这些都是值得做的事情。我经常在开会的时候问工人们我能帮他们干些什么。有一次，比利·爱德华兹站起来说："我娶了一位非常贤惠的妻子，她很会精打细算。每个月底，我们都会去匹兹堡批发下个月的日用品，因为这样可以为我们节省三分之一的开支。但是这里的店主把价格定的很高，很多工人们都无法跟我们一样一次性购买整月的日用品。而且现在煤炭的价格也贵得出奇，如果您能半个月发一次工资的话，我们就相当于增加了10%的工钱，我希望您能够为我们做这件事，让我们的生活得到改善。"

我同意了爱德华兹的建议，决定每半个月发一次工资，虽然这样做需要增加更多的办事员和开支，但是我觉得能够帮工人做一些力所能及的事情，我就很高兴。为了解决物价高的问题，我决定让工人们自己开一个合作商店。店面的租金由公司负责，但是商店的一切事情都由工人们自己打理。我觉得这可以让工人们深刻地体会到做生意远远没有他们想象的那么容易。于是在我的支持下，布拉德道克斯合作社诞生了。为了解决工人们用煤的问题，我们决定以进价卖给工人（相当于市场售价的一半），同时由工人们出运费，我们把煤送到他们的家中。

当时美国的银行并没有什么公信力，很多人都不敢把钱存到银行里，于是我们帮助工人们解决了储蓄难的问题。我们公司为工人们专门办理存款业务，当他们账户上的资金达到 2000 美元时，我们就会把利息调到 6%，此外，我们还把他们的钱单独立项，作为信托资金。一旦他们需要大量的资金来建房时，我们就会允许他们从这里借钱。这不仅鼓励工人们养成了勤俭节约的好习惯，还增加了工人对企业的信任度。

虽然菲普斯先生说我总是过分地放纵工人们的欲望，不管他们提出何种要求，也不管这种要求如何不合理，我都会无条件地答应。但是我并不这么认为，如果我的这种做法是错误的话，我希望我能为我的工人们犯更多的错误，能够帮助他们，我感到很快乐。而且能够跟工人们保持好关系，也是最有利的投资，从经济学的角度来说，你对工人付出的越多，他们就会越努力，当然公司也会获得更高的效益。

工人们对我的信赖和依赖，让我们的合作很愉快，很快我的工人队伍就变成了无可匹敌的一支队伍，再也没有发生过争吵和罢工。我在钢铁厂所推行的浮动工资制度获得了极大的成功，直到现在（1914 年）也没有发生过一次纠纷。而且浮动工资制的实行，也让原来的工会失去了作用，工会解散之后，劳资间的联谊会成为了连接我们与工人之间最好的纽带。这个组织的终极目标是为了实现劳资双方的共赢。

工人们得到高薪和稳定的工作对雇主来说也是有利的。我认为我们实行的浮动工资制可以适应市场的变化，维持工厂的正常运行，保证工人的就业。对于工人来说，高收入固然具有吸引力，但是它远远比不上一份稳定工作带来的心理安慰。埃德加·汤姆森钢铁厂劳资关系的处理可以算做是一个典范。曾经有人跟我说三班倒的制度肯定会实现，我也相信在不远的将来，伴随着科技的发展，工人们的劳动时间会不断减少，最终能够实现八小时工作、八小时睡眠、八小时娱乐的最佳生活状态。

实际上劳工的问题不仅仅局限在报酬问题上，他们并不是只想得到一份高的收入，他们还希望受到重视，被领导关心，受到应有的赞赏和表扬。而我自己也喜欢跟工人们见面，每当见到他们我都非常高兴，从他们身上我会发现很多的闪光点，而这些闪光点也是我们老板所不具备的。当我们彼此信任对方时，任何事情都会变得很简单。

工人们是生活的弱者，他们没有固定资产，所有的经济来源就是他们的工资，一旦停工，他们将失去经济支柱，从而不能养活自己的妻儿，生病也不能得到很好的医治，他们的生活水平会直线下降。因此他们是害怕停工的。而资本家就不一样了，如果停工了，他们失去的只是一部分利润，他们有固定的资产，并不依靠利润来生活，所以总是能够正常的生活，依然外出旅游、依然举行聚会、依然穿着高档衣服、吃着美味的食物。他们的生活并没有因此而发生半点改变。所以与资本家相比，工人们是真正的弱者。如果我重返商场，我重视的不再是劳工问题，而是怎样让穷苦的人过上更好的生活。他们都是善良的，我应该用我的心去温暖他们，让他们看到光明和希望，给他们的生活增添一点温暖和感动。

荷姆斯泰德的那场暴乱发生以后，我回到了匹兹堡，遇到了一些老员工，他们并没有参与暴乱。他们看到我之后，惋惜地说如果当时我在的话，这件事情就根本不会发生。我说我收到电报之前，政府已经控制了局面，我已经无能为力了。而且我的合伙人已经给了他们最优惠的待遇，如果是我的话也不一定能做到。一位轧钢工人跟我说，事情并不是我想象的那样的，工人们情愿被我踢屁股，也不愿意被别人动一根头发。所以这件事发生的主要原因并不是钱的问题。

这件事情让我深刻地认识到与工人们的感情有时候也会起到非常

重要的作用。良好的感情基础是我们愉快合作的前提条件，我们要不断地赞美和关心工人，只有这样才能避免劳资纠纷的发生，而很多人根本不了解工人，也不会意识到这个问题。

我回到匹兹堡之后撤销了对罢工者的起诉，并且开始召集没有参与罢工的老员工，我希望他们能够继续为我的公司效力。我也把刚提拔到埃德加·汤姆森公司的施瓦布先生重新派回了荷姆斯泰德工厂。因为只有他最了解那里的工人，他与那里的工人一直保持着良好的关系，如果当时他没有调离荷姆斯泰德工厂，那么这场暴乱有可能就不会发生。当然也有一些问题是我们无法解决的，有一部分工人是我们不想雇佣的，但是在我们收购荷姆斯泰德工厂之前他们已经在那里工作了，所以我们没有理由辞退他们。

第十九章 《财富的福音》

财富的积累可以给我们带来满足感，但是并不能最大程度地体现人的价值，所以当拙作《财富的福音》出版之后，我决定就如书中写的那样，放弃对财富的积累，用我剩余的时间做一些有意义的事情。当时我们的公司发展得很好，在美国钢铁公司买下它之前，我们的年纯利润已经达到了 4000 万美元，如果我们没有把它卖掉，我相信在我们的经营下，现在的利润肯定能达到 7000 万美元。

"捐助可以减少挥霍无度，每个人都能分享快乐富足。"莎士比亚的这句名言一直铭刻在我的心中，虽然已经成为"建材之王"的钢材具有光明的发展前途，但是我相信我的捐献任务是更艰巨、更漫长、更有意义的。

1901 年 3 月，正当我盘算着退出商界时，施瓦布先生找到了我。他来的主要目的是替摩根先生确定一下我是否真的想卖掉我的公司。如果我打算金盆洗手的话，摩根先生打算买下我的公司。因为摩根先生已经跟我的合伙人达成了一致意见，在优厚的条件下，我的合伙人同意把公司卖掉。

如果我的合伙人都同意卖掉公司了，那么我也没有什么好犹豫的了。在卖掉钢铁公司的过程中，很多投机商人扮做有诚意的买主混了进来，提出 100 美元 1 股的条件，虽然这样我可以多得 100 万美元（要比摩根先生给我的 5% 的股份还多），但是我没有跟他们合作。实际上我额外要求的这笔钱是非常正当的，因为普通股要连续按 5% 支付。（1912 年 1 月的众议院委员会上，我对为抬高价而拖延时间的言论进行了辩解，所有的事情都是施瓦布先生洽谈安排的，我并没有跟摩根先生进行过任何交流，这是摩根先生自己作出的选择。我草拟了买卖契约书，摩根先生看过后认为很公平。）

退出商界以后，我并没有人们想象中那么清闲，而是投身到更加忙碌的捐赠工作中去了。我第一个捐助的对象是我们的工人。我的捐助声明是这样写的：

> 虽然我舍不得我亲爱的工人们，但是我最终还是选择了退出商界。我之所以有现在的成就是与工人们的辛苦劳作分不开的。所以为答谢与我一起为钢铁事业"战斗"的人，我决定我的第一笔捐助款400万美元将用来救济发生意外事故的工人。你们在年轻的时候帮助了我，所以在你们晚年的时候，我也想尽我的微薄之力。

此外，为了让工人们能够充分利用好空闲时间，我将再捐出100万美元，用于维持工人图书馆和礼堂的开销。

荷姆斯泰德的工人们为了答谢我，也给我写来了信。

安德鲁·卡耐基先生

纽约

亲爱的先生：

> 我们全体荷姆斯泰德工厂的工人都非常感谢您的善举，我们希望能够通过我们的委员会对您所建立的"安德鲁·卡耐基救济基金"表达我们的感激之情。当然我们每个月都会把基金会的运作情况详细地告诉您。上个月的运作报告已经发电报给您了。
>
> 您总是为您的工人考虑，您的善举，特别是"安德鲁·卡耐基救济基金"让我们在这个黑暗的国度里看到了一

丝光亮和希望。是您让我们对生活又重新燃起了希望和激
情。我们相信这只是您善举的第一步，以后您还会做各种形
式的善事。

　　不管您做什么我们都会默默地支持您。

您真诚的委员会成员：

哈里·F.罗斯，轧钢工

约翰·贝尔，铁匠

J.A.霍顿，计时工

沃尔特·A.格瑞格，电工

哈里·库赛克，调车厂厂长

　　露西高炉的工人为了表达他们的谢意，还专门为我定制了一件精
美的银器，我非常喜欢。这些可爱的工人们给我带来了很多的欢乐。
那件银器上刻着下面的字：

安德鲁·卡耐基救济基金

露西高炉

　　亲爱的安德鲁·卡耐基先生捐赠的"安德鲁·卡耐基救
济基金"给我们卡耐基公司的员工带来了很多的福利，我们
非常感谢他的慷慨大度。为了感谢安德鲁·卡耐基对我们的
关心和关怀，我们露西高炉所有工人们决定以此来表达我们
对他的不尽感激之情。

　　同时，祝他前程似锦，健康长寿！

委员会成员：

詹姆士·斯特科，主席

刘易斯·A.哈金森，秘书

詹姆士·戴利

R.C.泰勒

约翰·V.沃德

弗雷德里克·沃尔克

约翰·M.维吉

退出商界不久，我决定重游欧洲，就像往常一样，我亲爱的朋友们都给我送行，但是这种感觉太奇怪了，跟以前截然不同，让我无法适应，我甚至不知道如何用言语表达我内心的心情，也无法跟他们道别。这种夹杂着诀别感觉的分别让我终身难忘。

让我欣慰的是，当我几个月后再次返回纽约时，我又受到了工人们的热烈欢迎。他们在码头为我举行了欢迎仪式，虽然一切都变了，我的身份也变了，但是我的所有工人朋友们依然是我的好朋友，不管是现在还是将来，我们之间的这种友好关系会一直存在的。现在我唯一要考虑的问题就是如何合理地分配我的财产。

一家知名报纸《从苏格兰来的美国人》上刊登的一句话引起了我的注意——"为了织一张网，上帝送来了一根线。"我认为这非常适合我，于是我决定开始织网。不久之后 J.S. 比林斯博士就送来了"来自上帝的一根针"，我立刻同意了他的请求。在纽约市建 68 座图书馆分馆捐献了 525 万美元，然后我又出钱在布鲁克林建造了 20 多座图书馆。我认为我这些用来建造图书馆的钱真正地体现了它们的价值。

我以前也捐助过图书馆，可能是继承了父亲的意志，我前面提到过他年轻的时候也跟他的同事在丹弗姆林创建过图书馆。我第一次创建的图书馆也建在了丹弗姆林，我的母亲参加了图书馆的奠基仪式。第二次创建的图书馆位于阿尔勒格尼，此外我还在那里创建了一个礼堂，当时哈里森总统也来参加了开放庆典。后来我在匹兹堡的捐赠数额达到了 2400 万美元，这些钱主要用来建造图书馆、博物馆、美术馆、几所技术学校及一所女子中学，我把中学的名字命名为玛格丽特·莫里森女子中学。对匹兹堡的捐助应该算是我人生中的第一笔大的捐款。匹兹堡不断地为我创造着财富，我从它那里得到了太多，即使捐助更多的钱也是说得过去的。因为相对于我从这里得到的财富来讲，这些捐赠根本算不上什么。

1902年1月28日，我拿出1000万美金用于创建华盛顿卡耐基协会。这是我的第二笔大的捐款。我跟罗斯福总统商量让国务卿约翰·海先生担任协会主席在我看来约翰·海先生是最适合的人选。海先生非常高兴地接受了我们给他的职务，并且又给我们推荐了一些人来担任理事，这其中包括了艾布拉姆·S.休威特、比林斯博士、威廉·E.道奇、依莱休·鲁特、希金森上校、D.O.米尔斯、S.米尔·米切尔博士等。他们都是社会名流，也是非常合适的人选，我非常乐意让他们担任理事。

我把这份名单给了罗斯福总统，他也非常赞成我们的意见，认为没有比他们更合适的人选了。1904年4月28日，罗斯福总统把基金会归入了一项国会法案：

我们要积极发展对人类发展和进步有利的所有事业，鼓励和支持科学、文学、艺术领域的研究工作，支持与此有关的调查发现和考察研究，最终实现与政府、学校、学术团体和个人的合作。

可见罗斯福总统对我们基金会也作出了巨大的贡献，让我们的基金会得以更好地发挥作用。

我的顾问比林斯博士非常具有眼光，他向我推荐的丹尼尔·C.吉尔曼博士和罗伯特·S.伍德沃特博士都很好地履行了协会主席的职责。特别是伍德沃特博士，他为协会作出了巨大的贡献，我真诚地希望在他的帮助下，协会能够继续发展、壮大。下面我将讲述两件比较特殊的事情。

当时我们协会派出了"卡耐基号"进行环球旅行。因为原先的船都是由钢铁制成的，所以钢铁的磁性在一定程度上影响了海洋勘测设备的准确性。而铜并没有磁性，所以这艘船是由木材和青铜器制成的。

这就在一定程度上提高了勘测的准确性。当时有一艘"卡纳德号"汽船在亚述尔群岛搁浅了，为了知晓这艘船搁浅的原因，"卡耐基号"对这件事进行了全面勘察。后来发现这艘船的船长并没有什么差错，他是完全按照海军部地图提供的航线行驶的。所以说这次事故产生的主要原因就是以前的观测资料不准确。

我们把修订报告上报给了国家一份，这也是众多的修订报告中唯一上报给国家的一份。付出之后总会盼望着收获，我也期望会得到年轻国家的回报。让我感到欣慰的是，它已经有向这方面转变的迹象了。

"卡耐基号"的派出让我得到了巨大的收获。我们决定在海拔5886英尺的威尔逊山上建立一个天文台。天文台建成以后，我们把这里的一切全权交给了黑尔教授。让我们感到高兴的是在这里曾举行过天文专家见面会，这是一种对我们的天文台所取得的成就的肯定。

我们还在这座天文台上发现了许多新星。拍摄的第一张照片上包含了大约16个新的球体，在第二张照片上可以找到60个，第三张上就已经超过了100个。可能其中也包含了比太阳还大20倍的星体。比起浩瀚的宇宙，我们了解的并不多，我们没有先进的仪器和技术，所以了解的只是浩瀚宇宙的一部分。我相信随着科技的发展，仪器的改进，我们会发现宇宙中更多的奥秘，从而揭开它的神秘面纱。

儿时的我就比较崇拜英雄，而且这种崇拜始终没有改变，于是我用第三笔大的捐助来帮助我心目中的英雄们，建立了英雄基金会。当时发生在匹兹堡附近的煤窑的一件英雄事迹深深地触动了我。煤窑发生事故之后，很多煤矿工人被困在了井下。虽然前任主管泰勒已经不在这里工作了，但是他仍旧担负起了救援被困的工人的任务。他冒着生命危险带领着志愿者下了矿井。虽然很多工人被救了出来，但是这位勇敢的领导却牺牲了自己的生命，从此永远地跟他的工人作别了。

我听说泰勒的事迹之后，久久不能平静，我决定一定要为这位英雄做点什么。那时候我收到了我的密友理查德·沃森·基尔德先生寄来的一首诗，这首诗写得非常好，令我爱不释手。于是在理查德·沃森·基尔德先生的启发下我建立了英雄基金会，用来鼓励和平年代的英雄们。

在和平年代

有人说："当战争的鼓声停止时，这个世界就没有了战争，也就不再需要英雄。"

不可如此轻易地说出"英雄"这个称号，

一只高举胜利的手犯下了无数的罪恶，

数不清的无辜生命结束于他的手中。

妇人的面容苍白而颤抖，

面对男人的耻辱，岩石般的坚强。

孩子们默默地承受着痛苦，

唯恐亲爱的母亲心伤。

学者冒险与宗教背离，

为争取英雄的真正含义。

和平年代的英雄，

是法律的卫士，全世界都应为他鼓掌。

牺牲了自己年轻的生命，

挽回了无数人的幸福。

1904年4月15日，我拿出500万美元建立了英雄基金会。英雄基金会主要是奖励英雄事迹，用来赡养英雄的家属，或者给意外事故中遭受打击的家庭一些补贴。据我所知，在我之前，从未有人有过这样的举动，所以我像一个慈父对待新生儿一样地呵护它，守护它。这种关心和关爱是发自内心深处的。由于这项事业取得了巨大成功，后来我又在丹弗姆林成立了同样的基金会，由丹弗姆林总部——卡耐基丹弗姆林信托理事会负责管理。再后来又扩展到了法国、德国、比利时、荷兰、意大利、挪威、瑞士、瑞典和丹麦。这是一种对英雄的敬仰和崇拜，也是对人类崇高精神力量的一种嘉奖。

我们在柏林的大使大卫·简·希尔给我寄来了一封信，信中具体说明了这项事业在德国的发展情况。

> "我之所以给您写这封信，是因为我想告诉您英雄基金会在德国发挥了极其重要的作用，并受到了德国国王的赞赏，因为他并没有想到英雄基金会可以起到如此重要的作用。他还跟我说了许多真实的例子，这些故事都非常感人。下面就是其中的一个：有一个小男孩不小心掉进了水里，就在这危急的时刻，一个年轻人不顾自己的生命跳到水里，用尽全力把小男孩托出了水面。当他把小男孩安全地放入小船里之后，他就沉入了水底，因为在救小男孩的过程中他的体力已经消耗殆尽。这个年轻人用自己的生命换回了那个小男孩的生命，留下了年轻的妻子和年幼的儿子。于是英雄基金会帮助他的妻子开了一间小店来维持生计，并且将会负责他的孩子将来所有的教育费用。很高兴我们基金会可以帮助英雄和他的家人们做这些事情。"

政府内阁的最高长官瓦拉提尼开始的时候并没有重视英雄基金会，他认为这个基金会并不能起什么重大作用，但是英雄基金会不断发挥的作用，让他成为了这个基金会的支持者。他表示全体委员会的成员都会无条件地支持基金会。因为在他们看来，支持基金会已经成为了他们的使命。他们非常愿意跟英法的委员们一起交换意见，共同研究，以此来促进基金会的快速发展，因为美国的基金事业工作报告已经吸引了他们的注意。他们希望能够跟美国一起发展这项造福于社会的事业。

英国国王爱德华也非常支持英雄基金，他还专门给我写来了信，信中对我的行为表达了感激之情。

亲爱的卡耐基先生：

很长时间以来我都想亲自表达我对您的感激之情，因为您对英国，也就是您的故乡作出了太多的贡献。我非常感谢您能够如此慷慨地对英国进行捐助，您的无私精神深深地打动了我。

您为了能够更好地利用这笔资金付出了很多的努力，对此我也深深地记在了脑海里。

您的善举不仅帮助了需要帮助的人，而且还感动了整个英国的人民，当然也包括我。

我希望您能够接受我的这幅个人画像，以此来表达我对您的欣赏。

敬祝！

爱德华R&I

英雄基金会在美国刚刚成立的时候，美国的一些报纸对此发表了评论，大都是持怀疑和观望的态度，并且还会对第一年的运作报告指指点点，但是这些不愉快的事情都已成为了过去。英雄基金会不仅让媒体改变了原先的态度，而且赢得了全国人民的支持。如果说打伤或者杀死同类是野蛮时代的英雄，那么挽救一个鲜活的生命就是现代文明时代的英雄。这就是野蛮时代与文明时代的差别，而且这两个时代造就的英雄结局也是不同的。野蛮时代的英雄只会威风一时，不可能被人们记住，更不可能名垂千古；而文明时代的英雄就不同了，他们的名字会被人们深深地记在心里，随着时间的流逝，他们不会被时间吞没，反而会更加清晰地印在人们的脑海中，他们的事迹更是会世世代代地流传下去。

因为英雄基金主要是抚恤金，所以刚开始的时候人们认为这是一种以金钱做诱饵，来诱导人做好事的行为。但是真正的英雄只想挽救别人于危难之中，并不会贪图回报。他们的付出是发自内心的，是精神层面的事情，而不是为了些许物质。我们的英雄基金会也只是想表达我们对英雄的敬意，同时为他们的家属带来一丝慰藉。现在我们所捐助的名单上已经有了1430位英雄或者他们家属的名字。我相信时间会让人们逐渐认清英雄基金会的价值，而且时间也会让英雄基金会变得越来越完善，为英雄事业作出应有的贡献。

　　经过一段时间的认真思考，我决定让我的老部下查理·泰勒担任英雄基金会的主席，因为这是一个没有工资的差事，而我相信查理热爱这项事业，并且能够为它奉献自己的金钱和精力。作为他的老上司，我非常了解他的为人。后来在维尔莫特先生的协助下，查理还兼职负责铁路工人救济基金（我原先工作过的宾夕法尼亚铁路公司匹兹堡分部）、卡耐基工人救济基金（卡耐基救济基金）。

　　毕业于里海大学的查理对他的母校有着深厚的感情。有一次里海大学需要建一座礼堂，查理就像以前一样来劝我捐款，而这次捐助目标就是他的母校。我并没有给他任何答复，而是跟学校的校长私下联系说我可以捐助建造礼堂，但是我有一个条件，请他务必答应。我想"报复"一下查理，所以我提出礼堂的名字由我来命名，名字我已经想好了，就叫"泰勒礼堂"，校长答应了我的请求。查理认为自己只是学校的普通毕业生，根本没有用来炫耀的资本，所以他得知这件事后感到非常窘迫并极力想说服我换一个名字。看到他那着急的样子，我几乎要笑了出来。我跟查理说用这个名字确实有点让他难堪，但是现在只有两条路可以选择，或者我放弃对这个礼堂的资助，或者他放弃更改名字的想法，只能二选一，最终他再没有说什么。我之所以用"泰勒"的名字来命名，是想让大家知道"泰勒"并不只是在口头上感激他的母校，而且也体现在实际行动中。

第二十章　教育和养老基金

　　我的第四笔大的捐款用来建立大学教授的养老基金。1905 年 6 月，我捐出了 1500 万美元，建立了大学教授的养老基金，也就是发展教育事业的卡耐基基金。我决定由美国 25 个大学的校长来担任理事，除了芝加哥大学的哈珀校长之外（因病未参加），24 名校长都来到了我的家中，我倍感荣耀。我从没有想到自己能够跟这些知识渊博的人聚集在一起，为我们共同的目标而共商计划。在创办之初，经验丰富的弗兰克·A. 范德里普先生和亨利·S. 普利切特博士都作出了重要的贡献。

　　通过设立大学教授养老基金，我认识了许多人，因为他们将会得到这项资金的支持。当我担任科内尔大学的理事时就已经发现教授们的薪水非常低，有些甚至还不如我们公司的部分职员赚得多。虽然教师这个职业已经得到了人们的普遍尊敬，但是他们的待遇却并没有得到重视。很多教授把自己的一生都奉献给了教育事业，但是当他们老的时候却没有养老基金，这样就不可能安享晚年。他们只能在退休之后仍然拖着疲惫的身躯继续工作。这样的晚年生活对一个为社会作出如此大贡献的人来说是非常不公平的。所以我想到在大学设立养老基金，让这些辛苦了一辈子的教师，可以好好地安度余生。事实证明这笔养老基金真的发挥了作用（到 1919 年，基金总额是 2.925 亿美元），我收到了很多受益人或者家属的感谢信，每当我感到郁闷的时候，我就会把这些信件拿出来，重新读一遍。每当读起这些来信的时候，我都会有种发自内心的愉悦之情。

　　有一天我在一家英国评论性的期刊上读到了我在丹弗姆林的朋友

托马斯·肖先生的一篇文章。肖先生在这篇文章中提到了许多苏格兰穷人没有能力供自己的孩子上大学的问题。我以前根本没有注意到这个问题，现在我了解了这种情况，那么我就不能再允许这样的情况发生，于是我决定拿出1000万美元用来发展学校基础建设和资助贫困学生。贫困不能剥夺任何一个孩子的学习自由，他们都有接受教育的权利。

于是我建立了卡耐基苏格兰大学信托基金，1902年这项基金理事会在苏格兰国务卿的爱丁堡办事处举行了第一次会议。巴尔弗首相、亨利·坎贝尔、巴内曼爵士（后来成为了首相）、约翰·莫利（现为约翰子爵）、詹姆士·布莱斯（现为布莱斯子爵）、埃尔金伯爵、罗斯伯里勋爵、雷勋爵、肖先生（现为肖勋爵）、约翰·罗斯博士以及其他关心教育事业的人都参与了这次会议。在巴尔弗勋爵的主持下，会议进行得非常顺利。当讨论到基金管理权的问题时，我说我不希望这项基金由苏格兰的大学来管理，因为我刚刚读过了近期理事会的报告，我的观点得到了埃尔金伯爵的赞同，他认为连一分钱都不能让苏格兰的大学管理。

因为我给了理事会较大的自由权，所以当我读完基金管理细则之后很多人都提出了质疑。包括埃尔金伯爵在内的理事都认为自己的职责不明确，不知道自己该干什么，所以他们希望我能够分给他们具体的职责。巴尔弗首相也认为我不应该给管理者如此大的权力，他以前从未听说过有这种做法，所以也希望我能够制定一个详细的方案。我认为随着时代的发展，一切都会改变，所以当这种支持教育的方法不适用时，我们就应该随时变更收益对象以及申请方式。

于是我说："巴尔弗先生，我相信所有的计划都不是一成不变的，很多计划都会被后代改变，所以我们制定详尽的计划基本上都是徒劳的。"

大家哈哈大笑，首相也笑了，他说我是非常明智的。

我提出如果超过半数的人同意的话，就可以通过审议。巴尔弗勋爵建议同意的人必须要超过三分之二，他的这种说法受到了埃尔金伯爵的赞同。我相信时间会证明他们的这个建议是明智的。当提到谁来担任基金会主席一职时，我希望让来自丹弗姆林的埃尔金伯爵来担任，因为在我看来他是最合适的人选，我把这个想法告诉了巴尔弗首相，首相非常赞同我的想法，并且说全英国再也没有比埃尔金伯爵更合适的人选了。后来我们一致通过让埃尔金伯爵担任基金会主席这一职务的提议。

选定了基金会主席之后，我们又为助手的问题犯愁。巧合的是我、亨利·坎贝尔、巴内曼爵士、埃尔金伯爵、约翰·罗斯博士被选为了议员，同时我们又都是丹弗姆林的荣誉市民和苏格兰的大学基金会理事。只不过现在还有一个人也要加入我们，因为她爱丹弗姆林就跟爱自己的家乡一样，这个人就是我的夫人。我们非常高兴担任埃尔金伯爵的助手。

我人生中最重要的时刻就是我被选为圣·安德鲁斯大学名誉校长的时候。我从没想到自己能够坐在校长的位置上，因为以前的校长都是德才兼备的人。1902年当我走进这所学校的时候，我对这里的一切都感到非常陌生。为了准备我的演讲稿，我翻阅了一下前几任校长的演说稿，当我发现斯坦利校长说的"去伯恩斯的诗中寻找你们的信仰"时，我突然想起了伯恩斯所说的两句名言："你的失望源于怯懦"和"地狱里可怕的刽子手扬起鞭子，让不幸的人们乖乖听话。但是在你能感到荣誉的地方，那就是你的边界"。第一句话一直是我的座右铭，想成功，想要得到希望，你首先要战胜怯懦。当时斯坦利校长是教会的权贵，也是女王的亲信，他能够当众称赞伯恩斯的诗说明了一个问题，那就是时代不断发展，人们的思想在不断发展，神学也在不断进步。

我认为约翰·斯图尔特·米尔校长的讲话让我受益匪浅，他告诉圣·安德鲁斯大学的同学们，音乐不仅能够给人带来美的享受，而且还可以提高你的生活质量。因为我也有过类似的体验，所以我非常赞同约翰·斯图尔特·米尔校长的观点。同时在他那里我也学到了一些知识，比如尽量把自己的宝贵经验传授给正在成长中的青年学生们。

为了加强团队协作精神，也为了更好地沟通，我和妻子每年都会邀请苏格兰四所大学的校长和他们的妻女来斯基伯度假，每次结束之后，我们都非常留恋在这里一起度过的七天时光。第一次参加聚会的有埃尔金伯爵、巴尔弗勋爵及夫人，通过七天的相处我们成为了好朋友，而且这个活动得到了他们很高的评价，有人说苏格兰的校长们500年来都在探索怎样开课，现在只用一个周的时间就解决了500年都没有解决的问题。因为这次聚会取得了良好的效果，所以每年我们都举行一次这样的"校长周"活动。

150年前本杰明·富兰克林获得了圣·安德鲁斯大学的博士学位。在费城举行的纪念富兰克林诞辰200周年的纪念仪式引起了很多大学的关注，圣·安德鲁斯大学及世界各地的其他学校都纷纷发来了贺电。本杰明·富兰克林的曾孙女艾各尼丝·欧文小姐是拉德克利夫大学的校长。1906年我们有幸在一起共同度过了一个"校长周"，所有在场的人都感到无比荣耀。并且学校委托我为她颁发了圣·安德鲁斯大学博士学位证书，我为此感到无限光荣。当时这个仪式定在周会的第一天晚上举行，很多人都参加了这个仪式，而且超过200多人发表了祝词，整个圣·安德鲁斯学校都对之非常自豪。

颁发仪式是在富兰克林曾经奋斗过的地方——费城举行的。仿佛150年前圣·安德鲁斯大学给曾祖父颁发证书时的情景在艾各尼丝·欧文小姐的身上重现了一样，校长穿过大西洋，把证书亲手交到了她的手中。我为自己能够担任这次仪式的主持而感到荣耀，每当回想起这件事时，我都会非常激动。

担任圣·安德鲁斯大学名誉校长的任期满了之后，学生们一致要求我连任，我并没有推辞，因为我喜欢跟同学们待在一起。我喜欢让他们围成一个圈后，我坐在里面跟他们亲切交流，这个时候他们可以畅所欲言表达他们内心的真实想法。这是我与其他校长不同的地方，因为其他的校长总会选择站在讲台上跟同学们讲话或者训话。

在这段时间里我经常会考虑怎样才能让大学形成更好的体系。最终我决定把资金偏向于小的大学，特别是专科学校，他们是非常需要帮助的。而像哈佛大学和哥伦比亚大学那样的重点大学，已经不可能再扩大了，他们已经没有太大的发展空间了。后来我发现不仅我自己有这种想法，洛克菲勒先生的基金会、综合教育基金会等都有意识地向小的大学倾斜了。后来在洛克菲勒先生的邀请下我加入了他们的行列，因为商场上的经验告诉我合作是对双方都有利的。我们的合作关系一直维持到今天，并将继续保持下去。

我的很多朋友在捐助大学的过程中都获得了像查理·泰勒那样的荣誉。蒙丘 D. 康威就是其中的一个，迪金森学院的康威礼堂就是用了他的名字。蒙丘 D. 康威是一个非常有生活情趣的人，在闲暇的时间里，他还写了自己的传记，并且发表了。他的这本传记得到了文学学会的称赞，他们认为这本传记不同于以前的传记，是一部出色的作品，可以称为"文学作品"。得到这个消息之后，我更加坚定了写作传记的信心。

下面是康威先生自传的结尾，我认为有必要写出来让大家品读一下：

> 亲爱的读者朋友们，请你们祈求和平吧。祈求和平并不意味着要向上天祈祷，也不要只祈求"赐予我和平"，而是要让所有身边的人都意识到这个问题，然后用自己的行动来争取和平，这样即使我们所生活的世界上仍然存在战争，但是在我们的内心深处总有一块地方没有战争，也没有争吵，只有和平和宁静。

战争是我们的耻辱，它不应该在一个文明的国度里发生，也不应该在文明的国度之间发生，我的朋友希望它能够尽快消失，最起码要唤醒人们对和平的渴望。

埃德温·M.斯坦顿先生一直非常关心我,当我还是小信使的时候,我就经常去给他送电报。后来我升为斯科特部长的助理后,他仍然像以前那样关心我。于是我用他的名字在俄亥俄州凯尼恩学院设立了斯坦顿经济会长的职位。这种做法不仅加深了我们之间的友谊,而且也表达了我对一些人的感激之情。

伊莱休·鲁特是一个伟大的人,他是我们的国务卿,而且备受罗斯福的重视。在罗斯福的眼中鲁特是"最具有智慧的人",他非常希望鲁特可以得到总统提名,为此他可以付出任何代价。当我第一次给汉密尔顿大学捐款的时候,我委托鲁特直接办理,并且希望可以将其命名为伊莱休·鲁特基金,但是最后我发现他根本没有听从我的建议。当我问他为什么要骗我时,他说我下次捐助的时候他就不会骗我了。

现在汉密尔顿大学已经有了鲁特基金,这是他不能改变的了。但是他的政治生涯却没有像罗斯福总统期盼的那么美好。因为他以前为一些公司辩护时,很多人发现他不善言辞,没有号召力。所以很多人认为鲁特的性格太过软弱,他的党派也不会冒险把他提名为总统候选人。

在跟汉普顿和塔斯基吉学院的联系中,我认识了布克·华盛顿,并且开始为提高黑人的地位而努力。在我们共同努力的过程中,我感受到了前所未有的快乐和满足。布克·华盛顿先生是一个了不起的人,他不仅让自己摆脱了被奴役的身份,而且还在为帮助其他同胞摆脱被奴役的命运而努力。他具有高尚的品质和一颗善良的心。

我决定拿出 60 万美元捐赠给塔斯基吉学院,并且从中拨出一部分资金作为布克·华盛顿与其夫人的养老金。后来布克·华盛顿找到了我,他希望我能够改变一下原来的计划,因为养老金的数额实在是太大了,对他们这个勤俭节约的家族来说就是一笔巨款,是根本用不完的。所以他希望我把养老金换成"只提供适当的补助"。我同意了他的这个建议,同时也被他的这种高尚品质所感染。

这位高尚的黑人领袖并不贪图钱财,也不在乎名利,他并没有想用他的这种行为来为自己留个好名声，所以他也拒绝把对他的表彰文件永远地保留下去。从一个奴隶成长为黑人领袖，他向世人证实了什么是坚持不懈；从最底层奋斗到最高层，他向世人展示了什么是奋斗不息。布克·华盛顿具备人类最高贵的品质和美德，就像摩西和约书亚一样带领着人们不断前进，他是一个了不起的英雄，书写着人类的奋斗神话。

汉普顿的赫利斯·B.弗雷斯尔校长、罗伯特·C.奥格登、乔治·福斯特皮伯迪、V.艾文瑞特·马斯、乔治·马克安尼、威廉·H.鲍尔温都是各个学校的负责人和理事，都在默默地为别人付出。当我同这些学校联系时，我们就成为了很好的朋友，但令人惋惜的是他们现在都离我而去了。我有时候想，为什么不让这些善良的人们多享受几天人间的阳光呢？可能上帝不忍心再看到他们劳碌的身影，希望他们早点去享受安乐才会让他们早早地离开了我们。那时候库珀协会也引起了我极大的注意，这是一个机械贸易组织，这里的人并不是为了自己而存在，他们每个人都有为了解救他人而献身的信念。只要能够把同胞们从苦难中解救出来，他们认为一切的付出都是值得的。

为教堂捐助管风琴，是我坚持时间最长的捐助活动。我年轻的时候就曾经为教堂建立过管风琴。后来我父亲曾经加入的阿尔勒格尼的斯威登伯格教会希望我能够为他们捐助一座新的教堂，但是当时教会只有不到一百个人，如果新建一座教会就会造成资源的浪费，于是我拒绝了他们的要求，为他们捐助了一架管风琴。这个消息传出去以后，所有的大小教堂都向我索要管风琴，而其中的一些小教堂根本就没有足够的空间来存放管风琴，而有的教堂已经新买了管风琴。很多教堂认为在得到新的管风琴之后，就可以把旧的卖掉，这样他们就变相地获得了很多的钱。我认为这样下去是不行的，于是制定了一个严密的捐助制度。现在这项工作已经进修得很完善了，不管是哪个教堂，申请时都要严格遵守制度，并且回答我们的问题，不符合规定的教堂我们是不会提供捐助的。

我原本认为捐助管风琴是一件造福人类的事情，但令我没想到的是，在苏格兰高地上竟然有很多人反对我的行为，他们认为我严重破坏了教堂的名声，而且许多长老会成员也对我的这个行为表示不满，他们认为人类的声音是上帝赐予的，但是使用管风琴以后，人类的美妙嗓音就被"装满汽笛的箱子"代替了，这是对上帝的不尊重。为此我想到了一个很好的解决办法，那就是让申请者支付购买管风琴一半的费用。这样不仅保证了支出的必要性和合理性，而且也让他们跟我一起分担了"罪责"。

新的规定出台以后，管风琴的申请者有增无减，可能人口的急剧增长带动了新教堂的不断出现，而在教堂中管风琴也是必不可少的设备。我的经验告诉我在工作的时候听一些教会音乐是有好处的，而且管风琴也还有其他的作用，所以我非常乐意把我的钱花在购置管风琴上，并且以后我仍然会这么做。

我认为养老基金是我所有捐助中最成功的捐助，也是给我带来最大成就感的捐助。我从离开商界之前就已经开始了这项工作。而且我有一份只有自己看过的养老金名单，这上边的内容我不会向别人透漏半个字，因为他们都是有权利享受这个待遇的。很多的老人年轻的时候努力工作了，但是随着岁月的流逝，他们已经越来越不能凭借自己的力量来养活自己了，所以他们的晚年会变得不幸福。我不希望这些事情在我的眼前发生，于是我尽我的力量给他们关爱，我希望他们能够因此而获得安慰，可以安度晚年。当我真正实施这个计划的时候，我发现原来有如此多的人需要我们的关爱。

当然我的付出也得到了回报，很多人都给我寄来了感谢信，在信中他们对我的慷慨表示感激，并且说他们每天都会为我和我的家人祈祷，这让我有点受宠若惊，我觉得上天对我已经很不公平了，因为我已经得到很多了，所以他们能够帮我的就是把我大部分的财产带走。

也许会有人问我做慈善事业会得到什么好处，我并没有为这件事感到苦恼过，因为在受资助人的笑脸能够时刻闪现在脑海中就已经足够了。能够让他们过上幸福的生活，这就是上天对我最好的回报。我并不祈求能够得到更多的收获，因为我付出之前就没有考虑过这件事情。而且我相信如果我们角色互换，他们也会像我这样做的，因为能够得到别人的感激是一件极其快乐的事情。

铁路养老基金也是与此类似的。我拿出400万美元作为铁路工人养老基金，这让匹兹堡分部的退休职员得以安享晚年。他们的受益人或者遗孀都给我写来了感谢信。这些铁路工人很多都是我的部下，他们以前对我都非常好，也是我很好的朋友，所以现在为他们做这些事是理所应当的。这些受益者中包含我认识的人，也有我不熟悉的人，尽管如此，我还是会一如既往地投入更多资金来资助他们。

第二十一章　和平教堂和皮坦克里夫

　　和平是人类不断追求的主题。英语国家的人也是一样的，他们也渴望和平和自由。终于在人们的期盼中，和平成为了现实。英国在1869年调动了号称"攻无不克，战无不胜"的最大军舰——"君主号"。于是我给英国内阁约翰·布赖特发了一封匿名电报。

　　电报上的内容最近公开了，"也许'君主号'最重要和首要的任务就是护送皮博迪（乔治·皮博迪是美国商人和慈善家，1869年在伦敦逝世了）的遗体回家"。

　　令我惊奇的是，一切都如我想象的那样发生了。"君主号"并没有攻占美国一座又一座的城池，而是变成了和平的使者。多年以后，我又遇到了布赖特先生。我告诉他那封电报是我发的。他说这封电报让他很震惊，因为他当时的想法跟我一样。我相信他没有对我撒谎。

　　约翰·布赖特是一个主张和平的人，他曾经反对过克里米亚战争，他一直是我最喜爱的英雄。内战期间，他是美国的朋友，却遭到了很多激进分子的反对，但是他并没有在意，依然坚持自己的观点。我的父亲非常佩服他，并且把他当成自己的偶像。后来在布赖特家族的许可下，我以一个朋友的身份，把他原来旧的塑像换成了一个新的复制品，然后又把它小心翼翼地摆在了国会里。我认为这是对一个热爱和平的英雄的尊敬。

　　我也是一个非常热爱和平的人，很早的时候我就已经开始参加英国和平协会的聚会。在那里我认识了克里默先生，他是优秀的工人代表，也是一个真正的英雄，他自己的薪水非常少，但是却把自己获得

"诺贝尔和平奖"的大部分奖金都捐给了仲裁委员会，只给自己留下了急需的一部分。这就是一个真正的英雄在金钱和利益面前的选择，我对他的这种行为表示赞赏。我想能够做到跟他一样的人，实在是少之又少，就连我自己恐怕也难以做到。

1887 年，我非常荣幸地把仲裁委员会介绍给克利夫兰总统。仲裁委员会的成员们在华盛顿受到了克利夫兰总统的热情欢迎，并且总统还愿意跟他们合作，共同致力于人类的和平事业。追求和平的崇高理想召唤着所有的议员们不断前行。后来仲裁委员会还召开了第一次海牙会议，在这次会议上成立了一个专门解决国际争端的永久性法庭，而且还提到了裁军的问题，这让我感到非常高兴，但是现在想想当时简直太天真了，裁军可能只会发生在我们的睡梦中了。但是和平的力量始终激励着我们不断前行。我也放弃了身边的杂务，致力于追求和平的事业。在我看来只有解决好如何避免战争的问题，我们的社会才能快速发展。

豪斯先生曾经带着上级的指示连夜赶到德国，在那里他见到了德国国王和外长，以不撤走代表团来威胁他们支持最高法院，最终他成功了。他付出了这么多的努力，却早早地离开了我们，这让我很痛心。如果他现在还活在这个世上，那么他肯定会跟安德鲁·D. 怀特一起出现在将要召开的第二次议会的会场里。如果他还活着，那么能够避免战争发生的国际法庭也一定会很快建立。

我相信在热爱和平的人士的共同努力下，国际法庭一定会成立。这将是一个值得纪念的日子。（我认为三四个主张文明的力量达成一致，共同反对那些扰乱世界和平的破坏分子，是今天维护世界和平的唯一方法）国际法庭的成立将会标志着人类对善恶评判标准的明晰化。那些发动战争而被称为英雄的人很快就会被历史的长河淹没，因为他们并不是真正的英雄，他们的身上都背负了无数条人命，他们的灵魂是罪恶的，特别是残杀同胞的人，他们的罪恶会更加深重。我相信这个值得庆贺的日子马上就要来临了。

豪斯先生和安德鲁·D.怀特先生从海牙回来之后建议我为海牙捐助一座和平教堂。我并没有答应，因为我希望荷兰政府能够主动向我提出请求，只有这样我的捐助才会有价值。所以我跟他们说，如果荷兰政府要求我这么做的话，我会同意的。豪斯先生和安德鲁·D.怀特先生说没有哪个政府会提出这样的要求，我说如果是这样的话，我也不愿意做一些不得体的事情，我相信你们也不希望我这样做吧。

没过多久，荷兰政府派盖弗斯男爵找到我并向我提出了请求。我非常高兴地答应了他，并且答应会在合适的时间汇钱过去。后来我并没有汇钱，因为政府派人来取走了这些钱，所以那张 150 万美元的汇票也成为了我珍藏的宝贝。和平教堂在我的心中有着重要的地位，因为它有着神圣的理想，堪称世界上最神圣的建筑。路德曾经说过："我们不能为上帝做什么，而上帝也不能从我们这里得到什么。"这座教堂的价值并不仅仅是用来供奉上帝的，它有着更重要的价值，它为孩子们带来了和平。我也非常同意路德、富兰克林的想法——"只有为人类作贡献才是对上帝最高的崇敬方式"，我想在一定程度上我已经做到了。

1907 年，很多朋友邀请我担任纽约和平协会的会长，当时我有很多事要做，所以我并没有答应他们的邀请。后来我每天都受到良心的谴责，我问自己，如果不把自己的全部精力都放到和平事业中，我还会有什么心情干别的事情呢？令我高兴的是，没过多久，包括莱曼·艾博特牧师和林齐牧师在内的一些著名人士强烈建议我能够重新考虑一下。这次我没有推辞，同时我也告诉了他们我的悔意。1908 年 4 月我们召开了和平协会第一次全国性大会，来自全国 35 个州的代表和一些国外代表参加了这次会议（没有提到 1910 年 12 月发生的一件事，那时我捐出 1000 万美金成立基金会，目的是"避免国际战争，因为它玷污了人类文明"。这也是我为世界和平作出的捐献）。

我们在纽约举办了一次和平宴会，在宴会上埃斯图内勒·德康斯坦男爵发表了慷慨激昂的演说之后，以法国政府的名义授予了我爵士荣誉勋章。在观众的欢呼声中我接受了人生中的第一枚勋章。这对我来说是一个莫大的惊喜，同时也是大家对我为和平事业做出的努力的认可，让我激动的内心久久不能平静。可能他们觉得这样的嘉奖对我来说太轻了，于是亲自从法国赶了过来（我还得到了荷兰和丹麦的嘉奖，得到了美国 21 个州授予的一枚金质奖章，同时也得到了无数所大学和院校颁发的博士学位。我还是多个学会、学术团体和俱乐部的会员）。他们对我的肯定让我受宠若惊，我想我必须要付出十二分的努力，才能够对得起这枚勋章和他们千里迢迢的跋涉。

这些都是令我欣喜不已，但最令我开心的是丹弗姆林的皮坦克里夫峡谷。我对那里充满了感情，在我的心中那里就是天堂，就是人间仙境，在我童年的时候，这种印像就驻扎在了我幼小的心灵中。我想为大家讲个故事：

在我小的时候，由于大教堂地产和皇宫遗址所有权的问题引发了一场战争，我的外祖父也是参与战争的一员。后来到了劳德姨父和莫里森舅舅这一辈时，战争仍没有停止。有人指控我的舅舅煽动人拆了一堵墙，结果我的舅舅败诉了。于是，皮坦克里夫地主下令，禁止莫里森家族的所有成员踏进他们的峡谷。从此我们两家结下了仇恨，小的时候我和表兄都不能踏入他们的峡谷。但是每个星期天，劳德姨父还是会带着我们两个绕着大教堂散步，然后选择一个恰当的地方，让我们眺望峡谷。

那时候，我认为皮坦克里夫峡谷是世界上最棒的峡谷，因为它与大教堂和皇宫毗邻，位于镇上两条主要大街的西北方，那里非常安全，并没有遭到破坏。对于每一个丹弗姆林的孩子来说，这里都是人间仙境，也是人间天堂。对我来说，如果能够透过开着的门或者趴在围墙上往里看一眼就已经非常满足了。以至长大以后，每当我听到"天堂"这两个字的时候，都会想起童年记忆中的皮坦克里夫峡谷。

在儿时的记忆中，皮坦克里夫峡谷的主人是具有身份和财富的人，就连女王陛下都无法跟他相比，因为女王陛下只是住在温莎城堡，她并不是皮坦克里夫峡谷的主人，这里美丽的景物并不属于她。而且我相信皮坦克里夫的亨特家族并不会拿这个峡谷跟别人交换，就连女王也不例外。

在我的童年中，皮坦克里夫峡谷就是所有雄伟景观中最高贵的地方，其他任何地方都不能与其相提并论。我相信劳德姨父并没有预想到我能成为这里的主人，尽管他准确地预料到了很多事情。劳德姨父并不知道长大后我会这么有钱，如果他能提前知道，肯定会为我高兴的。

1902 年我突然想到了罗斯博士跟我说起的一件事，当时罗斯博士跟我说亨特上校因为经济的原因，打算卖掉皮坦克里夫。于是我写信让罗斯博士尽快来见我。在我的家里，我们详细谈论了有关皮坦克里夫的事情，最终决定让我们共同的朋友爱丁堡的肖先生去替我们商谈这件事。我让肖先生转告亨特上校的经纪人，我是一个诚心的买主，如果现在不卖给我的话，恐怕以后没有人会愿意出他们理想的价钱了，而且我不能保证我不会改变主意，也不能保证我不会突然离开人世，所以希望他能慎重考虑一下。

没过多久我收到了肖先生发来的电报。他告诉我亨特上校给出的价格非常高——4.5 万英镑，他问我是否可以接受这个价钱。我当然愿意接受，我认为无论为皮坦克里夫峡谷出多少钱都是值得的，因为它在我心目中的价值是无限的。而在我心中，"皮坦克里夫的主人"这一称呼则是我得到的最尊贵的头衔了。我认为我比国王还要富有，因为国王仅仅拥有高贵的头衔，但是他没有皮坦克里夫峡谷，也没有圣·玛格丽特的神殿。就连马尔科姆国王塔也不属于他，所以国王只是一个可怜的称号。但是我却拥有了皮坦克里夫峡谷，当国王来丹弗姆林的时候我会很慷慨地让他来参观我的皮坦克里夫峡谷。

经验告诉我，只有热爱公益事业的人才能为大众谋利益，所以我要把我的公园和峡谷交给一个值得信赖的人来管理。最终我选择了罗斯博士，因为他具有一颗善良而又热爱公益事业的心，他是管理员的最佳人选。一些人建议应该建立一个基金会，并且把公园变成城镇。我告诉他们我还将投入 50 万英镑建设丹弗姆林时，他们都非常吃惊。

理事会管理峡谷已经 12 年了，在这 12 年的时间里，公园发挥了它最大的价值。这里鲜花盛开、绿树成荫，很多人都选择在这里度过闲暇的时间。就连周边城镇的人也会经常光顾这个漂亮的地方。在公园里可以看到嬉戏的孩童、甜蜜的情侣、慈祥的老人，他们把公园衬托得生机勃勃。我想管理委员会是成功的，他们成功地做到了起初的要求：

> 让丹弗姆林广大劳动者的生活变得不再单调，把"甜蜜和欢乐"带给大人，把"快乐和幸福"带给孩子。让所有在丹弗姆林长大的孩子都有关于皮坦克里夫公园的美好记忆，不管走到哪里，都不会忘记自己的故乡和梦开始的地方。如果你们做到了，那就成功了。

我写的这段文字有幸被前加拿大总督格雷伯爵看到，并且引起了他的注意，他写信告诉罗斯博士，想要认识《泰晤士报》这篇文章的作者。后来我们在伦敦见了面，他是一个品格高尚的人，很快他也开始迷恋上了这项事业。我们相互都有种相见很晚的感觉，并且成为了很好的朋友。现在格雷伯爵也成为了英国 1000 万美元基金会的理事（1911 年成立卡耐基纽约公司，投入 1.25 亿美元。为促进美国国民文化和素质的传播和提高，根据实际情况，捐助技术学校、高等学校、图书馆、科学研究所、英雄基金会、出版社或其他机构，总共捐助超过 3.5 亿美元）。

真是"三十年河东，三十年河西"，曾经被禁止进入皮坦克里夫峡谷的人竟然成为了它的主人。激进派领袖托马斯·莫里森的外孙，贝利·莫里森的外甥，竟然赶走了原来的地主，成为了这片土地的主人。现在我已经把它转交给丹弗姆林，并且改造成对儿童开放的公园。这对我来说是最得意的一次捐助，任何荣誉都比不上，因为这次捐助为我们整个莫里森家族的人挽回了颜面。我似乎听到了一个来自远方的声音，那个声音告诉我："你这一生没有虚度——丝毫没有。"我想这应该是我此生最大的成就了。

我并不是一个想赚够钱就回家养老的人，如果是那样的话，我相信我将会一事无成。从商界退出以后，我已经从事慈善事业有13个年头了，而且我喜欢读书、写作、演讲，这些都是我生活的一部分，而且我还喜欢结交朋友。我非常想念以前工厂里的老朋友们，但是我并没有去看他们，因为他们大多都不在那里了，能够亲切地叫我"安迪"的人已经越来越少了。

同样我也没有忘记我的新朋友，是他们帮助我适应新环境，成立了卡耐基老兵协会。这个协会每年都在我家举行聚会，我们非常珍惜在一起的时光，以及我们之间的珍贵友谊。很多老兵是长途跋涉而来的，正是那浓厚的感情给了我们相见的力量。协会给了我莫大的安慰，活动也一直持续进行，一直到最后一个成员离开人世才结束。

如果当初我没有捐赠，我知道我是一个资产比普通人多1000倍的千万富翁；捐赠以后，我与普通人的财富差别已经不太明显了，但是我并不后悔我所做的一切，相反我很高兴我能帮助这么多的人。

我们就像对待名媛和绅士一样地对待"年轻人"，并且把纽约的新家作为老兵第一次聚会的地点，这是妻子的主意。而且妻子也被选为老兵协会第一位名誉会员，"朋友的第一次聚会"也成为了她的口头禅；我的女儿是第二位名誉会员，因为她跟她的母亲一样，也非常支持我们的活动。虽然我的年龄比较大，但是我跟他们都是"哥们儿"，我们之间先是朋友，然后才是合作伙伴。我们45个合作伙伴中有43个人相伴一生，是相互之间的信任和共同目标给了我们无穷的力量。

另外一件值得说到的事情就是在我家举行的文学晚会，晚会的主持人是《世纪》的主编理查德·沃森·基尔德，他是一个非常具有创新意识的人。他会在本年度主宾发表的文章中选择一些句子写在宾客们的卡片上。1895 年的主宾是约翰·莫里，所以基尔德先生就把莫里的一句话写在了每个盘子的卡片上，这为整个聚会制造了很好的氛围。

　　我相信一句话：如果你想当一个和事佬，就把双方同时安排在一个文明的场合。有一年，理查德·沃森·基尔德很早就来到了会场，准备为这次聚会安排座位，但是当他来的时候，座位都已经安排好了。安排座位的人并不知道约翰·伯勒斯和欧内斯斯特·汤普森·赛丁纳正在为鸟兽生活习性的问题而发生争吵，把他们两个的座位安排在一起了。基尔德发现了这个问题，并且告诉我他已经把他们两个人的座位分开了，因为他害怕让他们坐在一起会引发矛盾。我并没有发表观点，而是又悄悄地把他们两个人的座位挨到了一起。在聚会结束的时候，他们两个已经和好如初了，因为在这个文明的场合，矛盾是会被吞噬的。

　　我知道伯勒斯和塞丁纳并没有责怪我把他们的座位安排在一起，相反，他们非常感激我这样给他们安排。有时候化解矛盾的方法就是跟你的敌人共进晚餐，听他的解释，了解他的意图，同时也让他了解你的意图和想法。很多矛盾不能化解，是因为双方并没有达到互相了解的状态，而且也不知道各自的意图，而且还有可能受到了别人的挑唆。主动伸出你的手，与对方化解矛盾，那么你仍然还有一个好朋友，即使你们并不像以前那么亲昵，也不会给你带来什么损失。随着时间的流逝，你的朋友会一个个离你而去，到时候留给你的只是无尽的想念。

　　有些人总会祝愿别人幸福，而且总是去帮助别人，从未给别人制造过麻烦，那么这些人是幸福的，他们的朋友也是幸福的。如果出现了一些与你的朋友有关的流言，你一定不能抛弃他，因为真正的友情是经得住时间和困难的考验的。一旦你抛弃了你的朋友，那么你们之间的友情也随之凋零。也许你们结交的誓言依然存在，但是那以前亲密无间的友情已无处找寻。

马克·吐温对我这个弃商从善的朋友非常赞赏，当他看到新闻报纸上刊登了与我有关的的文章时，他给我写了一个便条，内容是：

亲爱的先生朋友：

这些天，看起来您真的是春风得意啊。您的仰慕者希望得到1.5美元用来购买一本赞美诗集。如果您愿意的话，我相信上帝会保佑您的。我确定，我知道，也希望。

你的马克

注：不要给我买赞美诗，把钱寄来。我要自己去挑。

有一次，他在纽约生病了，那个时候我经常去看他，因为他总是那么幽默智慧，即使是在病床上，他也依然精神矍铄。当时我要离开纽约去苏格兰，所以特意去医院跟他道别。我刚到苏格兰不久，大学教授退休基金会就在纽约正式成立了。为此马克专门为我写来了信，他在信中说如果我能在他床边告诉他我做了什么的话，那么我就可以从他那里拿走所有的光环。

所有认识克莱门斯先生的人都可以证明他是一个非常有魅力的人。他的双胞胎兄弟乔·杰斐逊也是一个非常有魅力的人，但是在言谈举止方面，他不如他的兄弟。很多人具有热情大方、无私奉献的性格，而且会让他们朋友的生活中充满欢笑，例如"瑞摩斯叔叔"（乔治·钱德勒·哈里斯）、乔治·W.凯布尔、乔希·布灵。快乐就像他们的跟屁虫，无论他们走到哪里，欢笑随时都会在他们的身边产生。就像里普·万·温克所说的一样，"所有的快乐都是相似的，而不幸却各不相同"。

克莱门斯先生不仅具有幽默的性格，而且对政治和社会问题也有自己坚定的立场，虽然很少人了解他的这一特点，但是他手中的笔仍然拥有了钢刀般的力量，在评论俘虏阿奎那多的时候，他的言论令人敬畏。

马克是一个很有个性的人，连他的70大寿庆祝会也别具一格。参加这次庆祝会的来宾大多数是文艺界的人，也有像H.H.罗杰斯先生这样的亿万富翁，他们的相识、相知充满了足够惊险的故事，他们是患难之交，所以他们之间的友谊可以经受住任何考验。大多数的人都赞美对马克文艺界的贡献进行了，但是我却没有跟他们一样赞美他的才华，而是赞美了他的行为。在我的心中他像沃尔特勋爵一样有英雄的一面。当时马克也因合伙人的过错而破产，但是他当时并没有选择交出全部财产从而宣布破产这条平坦的道路；相反他选择了一条铺满荆棘、要用一生的时间来奋斗的艰难旅程。"问题不是对债主负责，而是要对自己负责"，这是他的决定。

一个人究竟是金子还是渣滓，只有面临危难的时候才能显现出来。马克经受住了考验，他变成了一个真正的男子汉，也成为了我们心目中的英雄。他最终选择用自己全球讲演的收入来偿还债务，虽然辛苦，但是他却可以欣慰地度过每一个晚上。虽然大多数人只了解马克的幽默和文学才华，但是他们并不了解马克也同样具有英雄的气概。

马克有一位像天使一样守护他的贤内助，他总是很骄傲地在我们面前谈起他的妻子，因为是她给了他周游世界的勇气和征服一切的力量。后来克莱门斯夫人去世了，我去看望他，他当时很消沉，我们紧紧地握着手，突然他的手颤抖了一下，说："家毁了，家毁了。"这三个字深深地印在了我的脑海中，此后，无论何时，无论何地，每当想起马克时，我都能体会到他与妻子的那份真情。

也许我们比我们的父辈们幸运得多，只要公理存在，就没有什么让我们害怕的了。

"请做一个真诚的人吧，

每时每刻都需要真诚，

我们不能失信于任何人。"

世界上有太多的不公平，这种不公平存在的时间太久了，无尽的折磨即将消失，也许撒旦即将退却。

第二十二章　马修·阿诺德和其他人

"魔鬼"这个词一般是用来形容穷凶极恶之人的，但是我却想用它来形容我的朋友——马修·阿诺德，他是我和约翰·莫利共同的朋友，也是我们所公认的最有趣的一位朋友，就连他一本正经的样子也能使我们哈哈大笑。所以我觉得只有"魔鬼"这个词才能恰当地形容他的长相和谈吐。

大约是在1880年，我、马修·阿诺德、威廉·布莱克和埃德温·A.艾比四个人一起驾着马车从英格兰南部穿过，经过了马修·阿诺德的教父（基布尔主教）长眠的一个漂亮村子，当时马修·阿诺德问我们是否可以在那里停一下，因为他想去祭拜一下自己的教父。

他说他对神学的观点让教父感到伤心，但是他们仍然是要好的朋友。当马修·阿诺德要竞选英国诗歌教授的职称时，基布尔亲自赶到了牛津。

我们停下马车，跟马修·阿诺德一起来到了这片安静的墓地。在基布尔主教墓前，马修·阿诺德陷入了深思，在很长的时间里我都不能忘记当时的情景。后来我们在谈论到神学的话题时，马修·阿诺德说他对神学的观点，让格拉德斯通先生非常失望，因为格拉德斯通先生认为他完全可以成为一名教主，但是他的神学方面的作品影响了他光明的前途，为此格拉德斯通先生他感到非常遗憾，不仅如此，对神学的一些观点也给马修·阿诺德的朋友带来了伤害。

当时马修·阿诺德非常的激动，他的话语中仿佛夹杂着哀伤。我知道他是一个虔诚的教徒，而且后来他的观点公布于众时也得到了人们的普遍认可。他从来没有说一句大不敬的话，跟格拉德斯通也没有什么区别，但是他的一句话——"求神拜佛的迷信该结束了，那是没有用的"，却抹杀了虚无缥缈的神力。

我们在阿尔勒格尼山的时候，马修·阿诺德就跟我们家有所往来。1883 年在纽约的时候他和他的女儿（现在的维特瑞奇夫人）也曾来过我家，所以我们之间经常有联系，对各自的生活也有所了解。他的第一次演讲在纽约举行，当时是我跟我的母亲用马车送他去的，可能是因为他不太善于在公众面前表达自己的想法，所以第一次演讲并没有得到他想要的效果，并不太成功。

演讲结束之后他问我和我的母亲："你们觉得我还能当一名演讲家吗？"我当时非常希望他能够成功，所以我很想鼓励他，让他不要泄气，所以我建议他要找一个有经验的演说家学习一下，而且在上台之前要调整好自己的状态。在我的坚持下，他同意了。然后他问我的母亲有什么建议，我的母亲说："太严肃了，阿诺德先生，您真的是太严肃了。"母亲温和的声音仿佛一把利剑刺痛他了的心灵。他始终没有忘记我的母亲跟他说的这句话，并且开始努力练习和纠正，让自己尽快能成为一名优秀的演说家。

当他从西部旅行回来的时候，我们惊讶地发现他的演讲技能已经有了很大的提高，与布鲁克林音乐学院的专业水平相差不大。波士顿的一位出色的辩论家指点了他，从此他的演讲之路就变成一片坦途了。

有一次著名的传教士毕切尔先生要在布鲁克林举行演讲，阿诺德非常想去聆听，于是周日的早上我就赶到了布鲁克林。在我们去之前已经派人告诉毕切尔先生我们将会倾听他的演说，所以结束之后，他就跟我们见面了。我把阿诺德先生介绍给了毕切尔先生，当时毕切尔非常激动，他握着阿诺德的手说："我已经仰慕您很久了，您的作品真让我受益匪浅。"阿诺德回答说这部作品里有关于毕切尔先生的内容，这部分内容恐怕都需要删掉。

毕切尔先生笑着说那些内容对他也是有用的，所以大可不必删掉。

紧接着他们两个人就爆发了一阵笑声。

然后我又把英格索尔上校的女儿介绍给了毕切尔先生，并告诉他英格索尔小姐是第一次来基督教堂。毕切尔先生拥抱了英格索尔小姐，然后仔细端详了一下，说："你真是我见过的最美的异教徒。"的确，所有见过英格索尔小姐的人都会有这种感受。

毕切尔说："英格索尔小姐，您的父亲还好吗？我希望他一切都好。"

毕切尔是一个非常智慧而又大度的人，他非常迷恋对美国有利的斯宾塞哲学、阿诺德感性表达的见解和英格索尔坚定的政治立场，经常学习这些内容，并从中汲取一些自己缺乏的东西，让自己变得更强大。

1887年的一天，阿诺德来到苏格兰，我们在一起进行了亲切的交谈，他说自己非常喜欢运动，不爱好打猎，因为他不忍心看着在天空中自由翱翔的鸟儿失去美丽的臂膀，也不希望看到在森林中快乐生活的小动物失去生命。但是他却非常喜欢钓鱼，并且告诉我们有一个公爵每年都会拿出两三天的时间和他一起钓鱼。那位公爵的名字我已经记不清了，但是有人说他并不招人喜欢，我不明白他们两个为什么会有如此亲密的关系。阿诺德说千百年来我们变成了势利小人，所以我们渴望认识高贵的公爵，毕竟他是一个名人。但我想事实肯定没有这么简单，这其中应该有一些不方便透露的隐情。

阿诺德有个爱好，那就是喜欢认识一些上流社会或者有钱的人，虽然我告诉他范德比尔特先生与其他人并没有什么不同之处，但是他却认为能够认识世界上最富有的人是非常荣幸的一件事，坚持要去拜访在纽约的范德比特先生。在阿诺德看来，一个靠自己的努力而发家的人要比靠继承财产而发家的人厉害得多。

我一直疑惑为什么阿诺德不写一些关于莎士比亚的评论文章，有一天他告诉我，其实他一直都在关注莎士比亚的一切，而且也有这个打算，但是现在时机还未成熟，他需要花费更多的时间来研究和斟酌，所以现在还没有开始动笔。

现在他已经功德圆满了，下面是他的旷世作品中的一段：

莎士比亚，

别人都受我们质疑，你却无忧无虑。

我们问了又问——你微笑却无言，

耸立在知识之巅，最高的山峦。

向星空展示着他的雄伟壮丽，

把脚跟扎在海底坚定不移，

把九重天看做自己的家园，

只留下云雾笼罩下的山麓边缘，

让凡人去徒劳地探索不已；

而你，你熟悉群星，你了解阳光，

你自己建树光荣，自修、自审、自信，

你在人间无人识。这又何妨？

一切不朽者必须忍受的苦痛，

一切折磨人的弱点和辛酸，

在你轩昂的眉宇间找到了无双的表现。

我希望阿诺德先生可以认识一下肖先生（乔希·比林斯），因为他是一块璞玉。当时我们都住在温莎旅馆，恰巧我们在一起时谈到了阿诺德，乔希说他非常仰慕阿诺德，于是我趁机告诉他晚上的时候阿诺德会来跟我共进晚餐，所以我希望他也能够参加。性格腼腆的乔希开始并没有同意，但是见我态度坚决，他也只好遵从我的安排。

吃晚餐的时候我坐在他们两个人中间，肖先生不停地讲自己 15 年来的经历和演讲，并且很自豪地说他每次演讲时观众都会超过 1 万人。阿诺德听得津津有味，并且对肖先生的说话方式和西部的轶事充满了兴趣。我们的谈话非常顺利，不时会发出阵阵笑声。

阿诺德先生让肖先生传授一些如何吸引观众注意力的经验。肖先生说："你要幽默风趣，但又不能让他们笑得太久，因为太久的话他们会以为你在嘲笑他们。因此，在听众们笑过之后，你马上就要摆出一副严肃认真的样子，继续进行你的演讲。有一次我问听众，世界上哪两件东西是人类没有提前准备好的。有些人说是死亡，我又问他们另外一个是什么，下面有人说是财富，有人说是婚姻，也有人说是力量，还有人说是幸福。我严肃地说这都不对，答案是双胞胎。听完我的答案以后，观众们哈哈大笑起来。"我知道阿诺德先生肯定早已掌握了这个技巧。

阿诺德又谦虚地问肖先生："您会不断创造一些新故事吗？"

阿诺德说："是的，因为只有不断地创造新的故事，你才能够很好地进行演讲。有一次演讲，我以为会得到满堂喝彩，但是由于我没有找到合适的词，所以演讲很不成功，后来我在一次篝火晚会上突然想到了这个词。我并没有冒险在听众面前演说，而是在孩子们的面前先练习了一下，事实证明我选择的这个词非常恰当，孩子们也非常喜欢。后来我反复地使用了这个词，演讲的开始是这样的——'当今时代充满了挑战，只有完全理解才能使人们接受这个时代。现在这里不仅有批评家，而且还有约拿，他们都想摸透这个世界，但是我想他们对这个时代的了解是不清晰的。'"

肖先生的训言非常有价值，有时可以挽救一场即将爆发的"战争"。在一个闲暇的日子，肖先生走在百老汇大街上，这时候一个真正的西部人跟他攀谈起来。当他确定站在自己面前的人就是肖先生本人时，就要拿出口袋里的 5000 美元给肖先生。在代尔莫尼克的餐馆里那个西部人告诉了肖先生整个事情的始末。那个西部人告诉肖先生，说他是加利福尼亚一家金矿的股东之一，他们几个合伙人为了所有权问题产生了矛盾，并且提出将要诉请法律。但是第二天早上，他看到了乔希·比林斯的年鉴上的训言，这句训言让他选择放弃争执。那就训言是这样的：与其冒险抓住牛角，不如轻松地抓住牛尾巴。他也把这句话告诉了他的合伙人，结果他们又成为了朋友，所以决定要把这5000美元带给乔希，作为对这句训言的感谢。

晚餐进行到最后，阿诺德先生说："肖先生，您什么时候来英国讲演呢？您来的时候一定要告诉我，我一定要把您引荐给第一批观众。也许在别人看来让一个愚蠢的地主来引荐您更合适，但是我太想获得这份荣誉了，所以想亲自引荐您。"没有人会想到温文尔雅的马修·阿诺德会给伦敦观众引荐超级笑星乔希·比林斯，但他却真实地在生活中发生了。这些年来，阿诺德一直没有忘记肖先生，并且经常会提及"我们这位狮子般的朋友肖先生"。

阿诺德先生认为芝加哥是庸俗之都，所以他不喜欢那个地方。有一次我给他讲了一个关于芝加哥的故事：

有一个波士顿上流社会的女士去芝加哥看望即将结婚的同学，她很快就被这个城市吸引了。有个名人问她为什么会迷上这个城市，她说："我喜欢这里并不是因为繁忙的商业、发展的速度、奢华的住宅，我喜欢这里是因为这里的文明和文化吸引了我。"那个人说："那么我们要幸福得晕倒了。"

这些"文化和文明"让阿诺德感到惊讶。在出发之前，阿诺德希望可以找一些有趣的东西，我说那么去屠宰场吧，因为那里会给人带来神奇的感受，一头活蹦乱跳的小猪被赶到先进的设备前面，它发出了震天的嚎叫声，然后在极不情愿的情况下，被人类从机器的一端放了进去。当它的叫声还未在你的脑海中消散，那惨叫的声音让你感到心寒时，在机器的另一端已经产出了火腿。这是多么奇妙啊。阿诺德沉思了一会儿，然后说为什么要去屠宰场呢？为什么要听猪叫呢？我也找不出合适的答案，这件事也就此结束了。

阿诺德先生最喜欢的《旧约全书》当属以赛亚书，而且我们经常会从阿诺德口中听到这位诗人（他这么称呼）的话。在环球旅行的时候我们发现很多宗教的经书都经过了一个去伪存真的处理过程。就如孔子和其他圣人的作品，他们都是经过仔细筛选之后才以"经文"的形式表现出来的，就如小麦去掉了麦壳一样，剩下的都是精华。那些愚昧时代的局限思想就如麦壳一样被去除了。

鉴于这个原因，我认为基督徒也应该像东方人一样，把精华从糟粕中挑选出来，集成"经文"，然后流传下去。我认为在这一方面阿诺德是我的老师，他就像"未来的先知"一样可以看到未来和未知事物，仿佛他的思维是延伸到未来的。

有一次，我带着阿诺德从阿尔勒格尼避暑山庄出来，想让他看一下烟雾笼罩下的匹兹堡。从埃德加·汤姆森公司到火车站要经过跨铁轨的两段天桥，天桥上有两段台阶，我们轻松地走过了比较平缓的第一段，然后开始走比较陡峭的第二段。当我们爬到第二段的四分之三时，阿诺德突然停了下来，开始大口地呼吸。他的双手按在胸口上。我当时并不知道他有心脏病，如果知道的话，肯定不会选择走那陡峭的台阶。

当时只听阿诺德喃喃地说："这会要了我的命，就像我父亲那样。"这件事永远都会记在我的脑海中，那天阿诺德的动作、表情也在我的记忆中，挥之不去。不久之后，他真的离开了人间，就如他自己预言的一样，这让我万分伤心。

阿诺德去世之后，一些朋友就开始策划纪念他的仪式，最后一致通过用捐助的方式来纪念他，规定只有特许的人才有资格捐助，而且也并没有邀请作家和专家。当时我收到了波士顿的奥利弗·温德尔·霍姆斯医生的便条，他说得知这个活动之后，也非常想参与，虽然他并没有受到邀请，但是还是忍不住给我这个组织者写了信。他认为如果自己的名字能够出现在捐助者名册上的话，他会感到非常骄傲。我当然没有拒绝他的请求，这位医生的参与也是我们的荣幸。

这种纪念方式是我们都希望见到的。而且每一个为社会作出贡献的人，都不会抱怨命运，因为命运给了他帮助别人的机会，同时也给了他获得感谢的机会。

第二十三章　英国的政治领袖

我有幸在伦敦认识了格莱斯顿先生，那是在罗斯伯里勋爵的家里。有一次这个很有前途的政治家邀请我去他家做客，我非常荣幸地答应了，在那里我见到了传说中的世界第一公民——格莱斯顿先生。大概是 1885 年，我给格莱斯顿先生带来了一些令人震惊的人物，这并不是一个巧合，而是我事先准备好的。

格莱斯顿先生第一次约我共进晚餐的时候，我非常心痛地拒绝了，因为当时我已经有约了。那时候我有个念头，那就是让他的邀请变成一道命令，那样的话，我就可以不顾一切地去跟他见面了。但幻想终归是幻想，事实我与这个伟人失之交臂了，但上天又给了我一次机会，我们终于在海沃顿见了面。

我喜欢让罗斯伯里勋爵参与我的慈善事业，并且邀请他为我在丹弗姆林捐助的第一座图书馆和在斯托诺威的最后一座图书馆揭幕，他也很愉快地参加了揭幕仪式。

罗斯伯里勋爵非常喜欢纽约，上一次来的时候，我跟他一起在河边散步，在宜人的环境和清新的空气中，罗斯伯里勋爵对纽约大加赞美，他说在他看来纽约是最具吸引力的城市。我一直对他的才能和智慧感到惊叹，但是这位天才却在意志力方面存在着缺陷。

这位天才出身于富裕的家庭，并没有经过什么努力就成为了上议院的成员，所以并没有磨炼出坚强的意志。他是我们这群人当中演讲能力最优秀的一个，他的语言淳朴，风格优雅，演讲水平已经达到了炉火纯青的地步，我想已经很少有人可以超越他了。但是他却不是一个完美的政治家，因为他太敏感了，缺少政治家应有的坚韧品质。

有一天他邀请我去他家，我很快就赶到了他的住处，彼此说了一些客套话之后，他拿出了一个信封，然后跟我说："我希望你能解雇你的秘书。"我问他原因，他说："信封上的笔迹并不是你的，所以是你的秘书拼错了我的名字，如果有人拼错了你的名字，你会有什么感想呢？"我说在现实生活中有很多这样的事情，如果太较真儿的话，我每天都要生活在仇恨和不满中。因为每天收到的邮件中有四分之一的信会拼错我的名字。这都是一些不值一提的小事，我们不需要对这些无关紧要的事情太敏感。

他总是很认真，我认为做大事的人就不能太在乎这些小事，更不应该为此劳心费力，因为这样只能把自己也变成"小人"。我们应该从这些小事中挖掘一些快乐，从而忘掉所有的不满。

他虽然具有迷人的个性，但是也有着害羞、敏感、保守的一面。当他在上议院制造混乱之后，我找到了他，说出了我的想法。我说只要他能够抛弃自己的贵族特权，抛开世袭头衔，勇敢地支持国会，再加上他那过人的演讲才能肯定能够成为英国首相，因为没有一个贵族能够做到这些。

虽然他内心已经有了这种冲动，但是他依然没有赞同我的观点，他说他担心下议院不接受他。我说："如果下议院能够一次性接受是最好的，但是如果没有的话，也并不是什么坏事，因为主动放弃世袭特权的人是一个高尚的人，他完全有资格来竞选任何一个职位，只要你不断地尝试，不断地付出努力，那么你肯定就能成功。也许你就是第二个克伦威尔，一个崇拜创造先例的人。民主主义崇拜打破惯例的人。"

我们的谈话就此结束，后来我把这件事转述给莫利时，他平静而又意味深长地告诉我："克伦威尔并不住在伯克利街 38 号"。

莫利跟罗斯伯里的区别就在于一个出生在普通家庭，一个出生在贵族家庭，而出生在贵族家庭的先天优势，让罗斯伯里具有了意志力薄弱、保守、敏感等特点。如果他没有这么优越的条件，那么在他不断打拼的过程中这些缺点就会消磨殆尽。

莫利出生在一个外科医生的家庭里，并且有幸读完了大学。直到现在，莫利仍然没有沾染任何贵族的坏毛病。而且我认识的很多人也都像莫利一样，如鲍勃·里德（罗瑞伯恩伯爵和大法官）、霍尔丹伯爵（继"鲍勃"之后的大法官）、阿斯奎斯首相、劳埃德·乔治等。

当格莱斯顿去世之后，谁来接替他成为世界第一公民成为大家思考的问题。年轻的内阁成员一致认为应该让莫利作决定，但是在哈考特和坎贝尔·巴内曼之间究竟要选谁呢？最终，不能很好地控制情绪的缺点让哈考特败下阵来。

虽然哈考特很热爱美国，虽然他对我们人口普查报告充满了兴趣，并且娶了马特利的女儿，虽然我也很喜欢他，但是如果一个人不能很好地控制自己的情绪的话，那么他也就不能用清晰的头脑去思考国家问题了。

最终来自我的故乡丹弗姆林的代表坎贝尔·巴内曼先生当选为世界第一公民。他答谢集会民众时的演说让我永远都不能忘记，他说："对于我的当选，我首先要感谢我的主席贝利·莫里森。"

他要感谢的人就是我的舅舅——丹弗姆林激进派的领袖。过去我们卡耐基家族和丹弗姆林家族都是激进派，就算现在也是一样，我们还是坚决拥护共和制。我们也非常支持华盛顿和他的政党。

不久之后，"官衔只是金币上的花纹，人才是真金，不管他们那一套"的黄金法则就在说英语的民族，以及所有英国的殖民地流传开来。祖国就像家长一样，不允许自己的孩子受到任何损伤。

约翰·罗斯博士自从担任卡耐基丹弗姆林基金会会长的职务以来，为丹弗姆林的发展作出了重大的贡献，1905年秋天，他被授予了丹弗姆林荣誉市民的称号，我和妻子参加了仪式。就像麦克白市长在仪式上说的那样，他是继 H. 坎贝尔·巴内曼（现任首相）、埃尔金伯爵

（前印度总督也就是现任殖民部部长）和我之后第四个获此殊荣的人。也许这就是我获得的最大荣誉了，从政的念头也就此打住了。

埃尔金伯爵是布鲁斯国王的后裔，在丹弗姆林大教堂的大钟下面静静地躺着他的祖先。有时候表面现象会蒙蔽大家的眼睛，就如斯坦顿部长认定格兰特将军不是指挥官一样，作为布鲁斯国王后裔的埃尔金伯爵也会让人对他产生误解。

苏格兰大学准备改革的时候，埃尔金伯爵是委员会的重要成员，后来布尔战争委员会成立的时候，他又被任命为主席。上议院的决议给苏格兰联合自由教会造成混乱时，他又被推举为平息混乱委员会主席。所有议会的报告都会提交在议院中，而埃尔金伯爵就是执行议案的带头人。后来我向巴尔弗首相推荐埃尔金伯爵担任苏格兰大学基金会管理人，巴尔弗首相也非常赞同我的意见。后来发生的一切证明这个来自丹弗姆林的国王后裔并没有给我们丢脸，他的表现也得到了约翰·莫利的赞赏，他说：“我开始并不认为埃尔金会是一个能干、办实事、不浮夸的人，事实证明他并没有些臭毛病。”埃尔金伯爵是谦虚和智慧的化身，不愧是布鲁斯国王的后裔。

我得到丹弗姆林荣誉市民的称号以后，很多类似的称号都向我“走来”。1906年我正在伦敦，有六天的时间里，我每天都能得到一个封号，所以那几天我每天都在六个城市之间穿梭往来，参加各种仪式。也许有人会担心这种仪式是单调如一的，但是我并不这么想，因为每个城市都是不同的，他们往往会关注自己所在城市的发展，市长就如首相，而市议会就如小型内阁，他们都在为自己的“国家”的发展而贡献力量。至于外交，他们并不重视，而且两个城市之间的水、电、气等问题大都需要通过会议来商讨是合并还是分开，而且在不同的城市里我可以认识不同的市长和议员。

随着时间的流逝，新旧政府发生了变化。以前如果一个父亲当选了市长，那么他的儿子甚至他的孙子一定会在这个地方继续为它作贡献，就这样一个家族可能会在同一个地方待很久，看着这里慢慢地发展和变化。那时候伦敦的议员并没有额外津贴（从 1908 年开始为立法者的服务支付报酬，现在的报酬大概是 400 英镑），所以竞选议员的人都是有钱人，而且他们竞选的目的也只有一个，那就是为了造福乡里。

不仅如此，英国还把国会改到了白天，因为晚上并不适合人类思考。就如有人问扑克牌高手卡文迪，一个人能不能在第二圈的第三张牌出一张臭牌时，卡文迪说："是的，可能，不过他应该吃过晚饭之后玩牌。"经过一天忙碌的工作之后，人的大脑已经筋疲力尽了，极有可能做出一些糊涂事，所以国会改到白天之后，议员们就可以高效率地处理各种国家大事了。

我认为英国最优秀的人应该供职于镇议会中，他们会把自己的一切都贡献到家乡的建设中，无怨无悔，这是美国人所不及的。但随着移民数量的不断增加，美国人也产生了安居乐业和回报故乡的倾向。

因为我成为了苏格兰、英格兰和爱尔兰的荣誉市民，所以有机会认识很多的市长和议院长官，他们都是只求付出，不求回报的，他们都拥有为了自己家乡的建设甘愿牺牲一切的精神。他们并不来自于同一阶层，却有着共同的目标——用自己的双手为地建设作出贡献。例如伊斯特本、金兹林、索尔兹伯里、伊尔克斯顿等城镇的市长都来自不同的阶层。身为荣誉市民的我在科克、沃特福德和利默里克感受到了人们的热情，而且在欢迎仪式上我看到了我的一个房客经常说的一句盖尔语，大概的意思就是"欢迎你十万年"，这让我非常感动，并且终生难忘。

成为荣誉市民不仅让我可以更深刻地观察人们的日常生活和爱国情操，而且还可以深刻体会市镇官员的辛苦。这些官员们不仅要解决一些有不良企图的市民制造的麻烦，而且还要进行能打动人心的演讲。在他们看来，无论多么辛苦都是值得的，而且他们的家人也会支持他们所做的任何一件事情。

英国普选的自治市高官们都是政府重要分支的支撑点，他们更能够很好地管理整个国家，这在其他国家是做不到的。市议会选举代表参加国会，这样就可以让整个国家很好地运作起来。等到议员们可以获得足够的薪酬之后，像威斯敏斯特这样的地方也可以找到议员，那时候整个国家就能有序、公平地运作了。

第二十四章　格莱斯顿和莫利

我第一次听到格莱斯顿先生对我的作品《美国的四驾马车在大不列颠》的高度评价是在 1892 年 4 月。格莱斯顿先生有个新书房，那里的书除了他自己之外谁都不让碰，但是他却建议我去他的书房聊一聊。

我怀着好奇和激动的心情走了进去。在一排整齐的书架上看到一本略显陈旧的书——《丹弗姆林名人》，那本书的作者中有一位是我父亲的朋友。于是我对着正在梯子的顶上摆放书的格莱斯顿先生说我认识其中的一位作者，他是丹弗姆林的名人，也是我儿时的偶像。他说："如果你再往左边去找，你会发现第三本或者第四本也是丹弗姆林名人的书。"我照着他说的做了，结果发现了《美国的四架马车在大不列颠》这本书。

这时候我听到一个感情丰富的声音重复了我书中的一段话："麦加对于伊斯兰教徒的意义、贝拿勒斯对于印度教徒的意义、耶路撒冷对于基督教徒的意义，就像我对丹弗姆林的全部意义。"这是我第一次回到丹弗姆林时的感受，他却能够读出我心中的感受，这让我十分感动。

这本书已经出版了 8 年了，而且出版这本书的时候我并不认识他，没有送给他这本书，那么他的这本书是从哪里来的呢？格莱斯顿先生说可能是从罗斯伯那里得到的，因为罗斯伯说这本书非常好，所以他就借来读了一遍。格莱斯顿先生说第一次读到这本书的时候他就被书中绵绵的思乡之情感染了，并且永远都不能忘怀。

格莱斯顿先生能够清晰地记起我书中的内容，这让我对他的记忆力感到吃惊，而得到他的表扬，特别是能够得到他这么高的评价，我也感到很高兴。

在我的印象中，政客们总是在星期天选择扮演"圣经的读者"，曾经有一段时间我怀疑格莱斯顿先生也是这样的。这位机警的老绅士应该会觉得这样露面对他的选票是没有帮助的。但是自从跟格莱斯顿先生深交之后，我就发现其实他并不是我想象的那样的。他非常真诚，甚至在自己的日记中提到：在下议院时，他关于预算的几个小时的演说得到了大家的认可，于是他认为这是神对他的保佑。虽然很多人都不以为然，并且会感到震惊，但是真正了解格莱斯顿先生的人并不会如此震惊，因为他是一个非常虔诚的人，所以得到创始者的关照是理所应当的。

1887 年 6 月女王，50 大寿那天，我们去伍弗敦伯爵家赴宴，并且遇到了格莱斯顿先生和他的夫人，于是跟我同行的布莱恩先生向我介绍了他们。那天路上非常拥挤，我们租用的马车无法在路上畅通地行走，在圣·詹姆斯大街，我们停下了马车，走到人行道。我发现了前面一个警察，于是上前跟他说明了布莱恩的身份，并且希望他能够为我们开道，那个警察同意了我们的要求，在人群中为我们开辟了一条道，但是当我们到达目的地的时候已经是 9 点多了，吃过晚饭我们离开的时候已经是晚上 11 点了。

当格莱斯顿先生听说我们走的是那条拥挤的街道时，他建议我们可以穿过海德公园，这样就可以绕过那条拥挤的街道。但是我们还想再感受一次这拥挤和热闹的场面，于是我们又按原路返回，在拥挤的人群中我们缓缓地向前移动。突然我听到身后传来了熟悉的声音。我告诉布莱恩那个声音应该是格莱斯顿先生发出的，但是布莱恩却不太相信。

我们走到一座房子的边上然后往后移，一个蒙着头的家伙出现在我们面前，我走过去轻声地问他："现在是午夜，为什么不在床上睡觉。"

被我们发现的格莱斯顿先生，说他以为这个时间我们都睡觉了，所以他把妻子送回去之后又出来了。这个 80 岁的老头儿有着孩子般的心灵，始终喜欢玩乐、热闹。

广泛的兴趣爱好让格莱斯顿先生始终保持着愉悦的心情，而强烈的求知欲总是迫使他不断学习，即使是在生命的最后也不放弃。我们最后一次见面是在苏格兰，那时候他仍然神采奕奕、精神矍铄。那时候他对美国钢铁建筑非常好奇，并且希望我能够为他解释为什么第三、四层的木石结构会在第五、六层之后完工。我非常耐心地给他做了解释，得到满意答案的格莱斯顿先生露出了孩子般的笑容。

尽管莫利先生是一位勋爵，但是却始终保留着一个作家平实的一面。他是我的一位英国朋友，我年轻时投的第一篇稿子就发表在他主编的《双周评论》上。我们两个之所以能够成为密友，并不是因为完全相同的性格，而是我们彼此可以互补。越到晚年的时候我们发现越需要彼此，所以每到周末的时候我们都会给对方写信。在几年前，我们还同时获得了蒙特罗斯荣誉市民的称号。

我非常乐观，在我的眼中任何事都有积极的一面，每一只丑小鸭最终都会变成白天鹅；而莫利非常悲观，在他看来任何事情都有阴暗的一面，每一只丑小鸭都有着非常心酸的生活。我非常感谢上天能够给我这么幸福的生活，我对我所拥有的一切都感到满足；而在他的眼中，他的任何一个部下都存在着缺点，做任何一件事情之前都要经过深思熟虑。

我希望能够改变他的这种消极的态度，所以经常会给他讲故事，其中一个故事是这样的：有两个人，其中一个非常悲观，而另外一个却总是非常乐观。那个悲观者从没有为任何事情快乐过，而那个乐观者却从没有因为任何事而伤心过。有一天，他们两个人同时进入了天堂，当那个悲观者听到天使的道贺时，他回答说虽然他非常喜欢这个地方，但是好像他不能接受这样的光环。

那个乐观者给他讲了一个故事，对他的这句话进行反驳：有一天撒旦背着吉姆下地狱，当到达了温度很高的一道泉水边时，撒旦放下了吉姆，然后去水边喝水了。就在这时，他的老朋友悄悄地跟吉姆说："你完蛋了，已经无药可救了。"吉姆让他小点声，因为这并不是最糟的，有可能魔鬼还会让自己去背他。

莫利虽然跟我性格迥异，却与我有着相同的爱好，我们对音乐都非常热爱，我们特别喜欢有管风琴为伴的斯基伯的早晨。莫利跟亚瑟·巴尔弗也有相同之处，他们都喜欢宗教剧，并且还一起去水晶宫看过宗教剧。我非常欣赏他们两个，因为他们都是像哲学家一样的理智、贤明之人。相比亚瑟·巴尔弗，我更喜欢莫利，因为他总是脚踏实地，就算是迷了路，也不会像巴尔弗那样写一些推理和假设性强的作品。

莫利以前认为可以像汤姆·佩恩的《人权》一样，时不时地写出自己的看法和观点，但是在伦敦举行的编辑大会上，他的发言却让所有的人都感到震惊，他说伯恩斯的几句诗要比数百万的社论更有力度，更能体现现阶段人们的政治观点和社会状况。

后来我们在斯基伯对此事进行了讨论，他告诉我他引用了伯恩斯的六句话，具体哪六句他没有告诉我。后来，伯恩斯雕像在蒙特罗斯公园落成以后，我在揭幕典礼上背诵了那六句话，莫利肯定了我的猜测。

我始终希望莫利可以来美国看一看这里的美丽景色，认识一些跟他同样著名的人。1904年，我终于说服莫利来到了美国，在这里他观赏了大半个美国的景色，包括著名的尼亚加拉大瀑布。我们还让他见到了伊莱休·鲁特参议员和罗斯福总统。后来他跟我们说他非常喜欢伊莱休·鲁特，我对他的判断表示赞同，因为伊莱休·鲁特是在公共事务的判断方面和学识方面都比较突出的人。

在白宫与罗斯福总统度过的几天让莫利始终不能忘怀，他认为这位伟人就如同尼亚加拉大瀑布一样，都是美国的奇观。也许他是对的，因为罗斯福总统就如同瀑布一样活跃、奔腾、不知疲倦，并且做好了本职工作。

有一次，阿克顿勋爵经济上遇到了困难，在格莱斯顿先生的建议下，我买下了阿克顿图书馆。我并没有立刻接管这个图书馆，而是让阿克顿先生继续使用这个图书馆，直到生命的最后一刻。但是令我意想不到的是阿克顿先生不久就离开了人世，所以我不得不接管这个图书馆。对于图书馆的管理问题，我很自然地想到了莫利。因为我认为他不仅能够很好地利用这个图书馆，而且最后他还会把它交给一个放心的机构。

　　于是我找到了莫利，跟他说明了我的意图，但是我的话还没有说完就被他打断了。他告诉我，他早就料想到了是这样的结果，因为格莱斯顿已经把这些事情告诉他了，他们对我让阿克顿勋爵继续利用图书馆的做法表示赞同。

　　我以为我跟格莱斯顿先生之间的关系是无人能比的，但是没想到他也跟莫利有如此亲密的关系。我并没有嫉妒，因为在神学观点上，只有阿克顿与格莱斯顿先生比较相似。

　　莫利曾经陪同英国国王去了巴莫拉尔宫，那是我为苏格兰大学捐助的第二年。莫利给我发来了电报，说要在我回美国之前跟我见一面，我同意了，他告诉我英国国王对我的捐助表示感谢，并且希望能够为我做点什么。

　　我问他是怎么回答的，他说：“我想什么也不用。”我说：“你做得很好，我的确是什么也不需要，但是如果他能够给我写一封感谢信的话，我会非常感激他的，我想这也许会让我的后人为我的行为感到自豪。”

　　我没有想到，英国国王真的这么做了，而且这封亲笔信在前几个章节中也为大家展现了，我认为这可以算做我受到的最好的嘉奖。

　　斯基伯那悠扬的管风琴和宜人的气候深深地打动了莫利，每年夏天莫利和他的夫人都会来跟我们住在一起，跟我们分享所有的快乐。在斯基伯时我们最喜欢做的事情就是泛舟，这可以让我身心得到放松，是一种很好的理疗方式。莫利一直都是一个脚踏实地的老实人，从来不会慌张，遇到任何情况都能以一颗平常的心来处理，但是有的时候他也会迟疑，甚至选择逃避，但这种情况很少发生。

莫利和张伯伦是激进派的死党，他们两个人经常会在同一个地方出现。"地方自治"就像一颗"炸弹"，引发了英国人的强烈反应。那个时候我每天都会穿梭在各个城市中间，为我们的联盟、团结、自由、政府发表一些热情洋溢的赞美之词。张伯伦先生很喜欢安娜·L.道斯小姐的《如何管理》，我也按照他的要求给他寄去了一本。

第一个地方自治法案竟然会限制爱尔兰议员进入国会，我对此非常不满，因为美国从来不会反对南方州县选送代表来华盛顿，后来我写信告诉了莫利先生我的想法。格莱斯顿先生为此向我表达了歉意，并且问我如果他们拒绝修改法案的话，我有什么打算。我说应该会利用全体民众的力量，而且首要的任务就是停止这一行动。"停止行动"，他重复着我的话，全身麻木。

美国有很多立法机构，但是国会只有一个，而且美国有最高权威的司法机构（对地方法院和国会都有终审权）。我觉得英国也应该向美国学习，在爱尔兰、苏格兰、威尔士分别设立三个立法机构，然后设立一个国会。当然英国可以让国会掌握最高权力，凌驾于爱尔兰之上。所以，爱尔兰立法机构应该用三个月的时间在下议院进行讨论，修改与国会相冲突的且不合理的法律制度，要加强条款的威慑性，避免一部分人脱离国会。

我竭尽全力让莫利赞同我这个方案，而且让他向帕内尔推荐，虽然莫利向帕内尔推荐了，但是帕内尔并没有表示赞同。我想格莱斯顿先生如果见到我的话也会说这个方案只是适合美国，并不适合英国，所以大家都认为行不通。

有一天格莱斯顿夫人问我是否跟威廉长谈了一番，我说谈是谈了，但是他根本不会听一个美国人的演讲。而且在他心中世袭阶级的存在是天经地义的。但是我非常奇怪为什么很多人会抛弃父母为他们取的名字，而且新贵族总是不能得到老贵族的认同。当新老贵族打招呼时，老贵族总是在不经意间露出不屑的眼神，这让花 1 万英镑买头衔的新贵族们感到不满，并选择去支持民主党派。

布莱恩先生曾经告诉我，格莱斯顿先生在纪念无名英雄的游园会上的表现让他感到非常惊讶，当时天气很冷，但是格莱斯顿先生仍然恭敬地把老年帽摘下来，并拿在手中。

我认为英国的政教分离是不可避免的，因为任何一个说英语的国家都不会允许这种不正常的情况出现，它们会鼓励各种宗教，而不是只允许一种宗教存在。格莱斯顿先生有一次问我国教还能存在多长时间。我知道他在政教分离方面比我有经验，所以我不能大胆妄言。我回答说并不确定，听到我的回答之后，他满意地笑了。

我进一步说我觉得与广袤的国土相比，英国的人口将会减少。他问我预计会是多少，我用现在的希腊来比喻将来的英国。随着其他国家的迅速发展，英国不再是一个工业大国，但仍然是一个民族精神的领袖，就跟现在的希腊一样。因为天才并不依赖财富的多少，像乔叟、莎士比亚、斯宾塞、米尔顿、伯恩斯、斯科特、史蒂文森、培根、克伦威尔、华莱士、布鲁斯、休姆、瓦特·斯宾塞、达尔文，他们为国家的发展作出了贡献，但是他们的成就并不依赖财富。所以英国还将出现像他们一样的人，这些人会使英国在精神上获得高度发展。他对我的话并没有表示反感，而是大笑起来，对我提出的"精神领袖"产生了兴趣。这次谈话让我感到前所未有的畅快。

后来在哈瓦登时我们又见了一次面。最后一次跟他见面是在夏纳的兰德尔勋爵家里，那是 1897 年的冬天，当我们见到他时，他正生着重病，孱弱而苍白，但是依然风度翩翩，甚至对我的弟媳表现出从未有过的殷勤。第一次见到他的露西也对他念念不忘，并且对他表示了深深的同情，在露西的眼中，他就如一只生病的苍鹰一样。他不仅是"世界第一公民"，而且还是一位不折不扣的好人。

萨缪尔·斯托里议员是一个非常能干的激进分子，同时也是一个共和党成员。1881年我曾为了宣传激进思想与萨缪尔·斯托里议员合作过。后来帕斯莫尔·爱德华兹也加入了我们。当时，我们收购了英国的几家报纸，并且大量地进行激进的宣传。因为我的英国朋友们并没有很好地配合，所以这次合作并没有取得成功，而最终我也不得不宣布放弃。还好，我并没有因此而损失任何资金。

　　我认识的很多知名的外国人，甚至是英国人都不了解美国的情况，他们并不了解美国每年的工业产值，甚至对美国的人口也一无所知。我始终无法忘记第一次与格莱斯顿先生的谈话。

　　在那次交谈中我说现在说英语的国家大都实行了共和制，很少有国家还坚持实行君主立宪制，他认为这是非常不可思议的。后来我跟他说在美国说英语的人口，比英国和英国殖民地中说英语的人口还要多，格莱斯顿先生不解地问我："那么你们的人口是多少？"我回答说6600万，是英国人口的两倍多。当他听到这个数字之后非常震惊。

　　对于美国的财政情况很多人都不了解，格莱斯顿先生也是这样。他并不知道1880年的普查报告中已经显示，美国可以买下大不列颠及爱尔兰，而且这个只有数百年历史的国家完全可以轻松地为英国还清所有的债务，这一切都让他感到震惊。在自由贸易及两国的总产值方面，很多人也并不知道美国已经成为了世界上第一大工业国。马尔霍尔已经进行了调查，1880年，美国产值是11.26亿英磅，而英国只有8.16亿英磅。当我把这份数据拿给格莱斯顿先生看时，他说这简直令人难以置信。后来霍尔丹大法官也犯了同样的错误，他以为英国仍然是世界上第一大工业国，是我纠正了他的错误，他对我也表示了感激。

　　格莱斯顿先生问我为什么不把这些东西用最简单的方式——书面形式呈献给世界，我说我希望我的第三本书《胜利的民主主义》能够略微起到这种作用。因为当时我正在为这本书搜集相关的素材。

　　《胜利的民主主义》并不像写作《环游世界》和《美国的四架马车

在大不列颠》一样容易，它需要大量的准备工作，需要我付出更多的努力和汗水。从 1882 年我就已经开始为这本书搜集相关的素材，虽然开始比较辛苦，但是时间越长，我对这些内容就越有兴趣，最终我达到了一种极致——满脑子都是数据，工作不分昼夜。但是这样努力地写书，最终让我的身体吃不消了。当时除了写书之外，我还要处理一些生意上的事情，所以不久之后我就第二次患了重病。

第二十五章　赫伯特·斯宾塞和他的信徒

　　1882 年我从利物浦出发去纽约旅行，同行的还有赫伯特·斯宾塞和他的朋友劳特先生。在出发之前莫利写了一封给赫伯特·斯宾塞先生的介绍信，但是之前我在伦敦就已经跟他见过面了。我非常赞同他的哲学观点，是他的忠实信徒。

　　因为我经常旅行，所以决定照顾斯宾塞先生和他的朋友，于是我们同坐一桌。有一天我们谈到了与伟人初次见面的情况。大家分别说了自己的经历和感受，后来我说我的感受跟初次见面是有天壤之别的。他问我见到他的时候也是这样吗？我说是的，因为在我看来这位哲学家应该会比我的老师更能容忍一些事情，并不会因为小小的干酪而冲动。

　　那天乘务员并没有给他送来他要的柴郡干酪，而是送来了切达干酪。斯宾塞先生发现并不是自己想要的干酪以后，就一把把它们推到了一边，然后大声地说："我要的是柴郡干酪。"

　　这种小事普通的人也或许都不会太在意，所以当时斯宾塞的反应完全出乎了我的意料。后来在斯宾塞的自传中，他也提到了这件事。听故事是斯宾塞先生的最爱，而且听完故事之后，他总会哈哈大笑。他非常喜欢我为他讲一些美国的故事，特别是美国西部的故事，很多欧洲人都想了解神秘的美国西部。有一次我给他讲了一个关于得克萨斯的故事。

　　有一天我们碰到了一个来自得克萨斯的移民，我问他以前的得克萨斯是什么样的情况，他说："如果得克萨斯是我的的话，我将把它卖掉，这就是我想说的关于得克萨斯的全部。"

听完这个故事以后，斯宾塞先生非常高兴。的确，得克萨斯发展的速度真的很快，据说 1882 年得克萨斯的棉花产量已经居世界第一位了，而且人口也迅速增加，现在已经有 400 万人了。

有一次，我跟这位哲学家在匹兹堡散步时，我突然想到了另外一个美国的故事并讲给他听。有一位访客，从花园中走过，来到门前，当他要打开门时，一只狗从里边跑了出来，发现他后就迅速扑来。那个访客迅速地闪开，并且把门关起来了。房子的主人对门口的访客喊道："那只狗是不会咬人的。""会叫的狗不咬人，"只听那个访客用哀怨的声音说道："没错，大家都明白这个道理，问题是狗能明白吗？"不用说，这个故事又让这位哲学家大笑起来。

还有一次，当我和这位哲学家在屋里谈话时，我的大侄子悄悄地打开门，朝我们看过来，之后马上就关上门走了。后来他妈妈问他为什么要偷窥别人时，我的侄子说他想看一下在书中说学语法没有用的那个人长什么样子。斯宾塞听说了这件事之后非常高兴，并且很信任我的这个侄子，也经常会在我面前提到我的侄子。

有一次我们还谈到了关于法国家来和英国多佛之间修建隧道的事情，当时他签名对此表示抗议，但是斯宾塞先生后来说其实他并不赞同任何反对的理由，而是希望能够修建这条隧道。他之所以签名，是因为他知道当人民反抗的时候，英国的海军和陆军就会非常害怕，并且开始进一步地扩充军队。而且事实证明，当时花数百万修建的防御工事是无济于事的。

有一天，我们透过大旅馆的窗户往下看特拉法尔加广场的时候，正好有一队侍卫从这里经过。于是我对他说在 19 世纪最文明的地方，我从来没见到过像这样穿的像小丑一样的人。虽然他们的职业让他们失掉了应该有的悲伤和愤怒，但是他们却把杀人当做自己心目中的绅士职业。

听完我的话之后，斯宾塞先生平静地说："我非常赞同你的观点，的确这些人很让人气愤，但是我要告诉你一个抑制愤怒的方法。当年爱默生因为发表反对奴隶制度的言论而在法纳尔礼堂的讲台上受到呵斥，不仅如此，他还被人粗鲁地从讲台上推了下去。他当时非常气愤，但是他后来告诉我当他推开自己家的花园门时，他就不再生气了，因为他眼前的榆树的枝条已伸出了花园，而夜空中的繁星仿佛也在注视着他。他们仿佛在说：怎么这么激动呢，我的孩子？"说完之后，我们两个会心地笑了。后来每当我非常激动的时候，我都会用这句话来安慰自己。

斯宾塞先生美国之旅中，参加的最盛大的一次宴会是在代尔莫尼克举行的。当时已经有很多美国人开始关注他了，而且很多名人都参加了这次聚会，不少人还赠送给了斯宾塞先生奇珍异宝。也许他以前很少当众说话，也许害怕不能给美国人讲一些有利的事情，所以他当时非常紧张，除了演讲，他的脑子里已经容不下任何东西了。亨利·沃德·毕切尔对斯宾塞先生的致辞把晚会推向了高潮。毕切尔严肃而又缓慢地说："我从父母那里得到了身体，但是却从先生您这里得到了灵魂和脱离困境的道路，您就是我的导师，为我指明了前进的方向。"

斯宾塞先生被毕切尔的这番演说打动了，并且引起了现场的强烈反响。这就是毕切尔想要得到的结果——通过对斯宾塞先生的感恩来提高教堂的知名度。毕切尔先生的结束语大概是这样的：达尔文提出了进化论的观点，但是当人到达最高境界时就会得到上帝赐予的神圣光环和神圣灵魂。

斯宾塞先生一直非常关注美国的发展，而且对机械设备非常感兴趣。我带他参观了我的工厂，并且介绍各种设备让他了解。后来他不时地谈起这些设备，并且预言了对美国今后会出现的发明，这些预言现在也大部分已经实现了。

每当我去苏格兰的时候，我必定会去拜访他，即便是他后来搬到了布莱顿，我也仍然会去看他。斯宾塞在布莱顿的房子面朝大海，可能是这片宁静的海让他变得更加平静、心胸宽广。

　　我从没见过一个人能够像斯宾塞一样对每个动作、每个细节都要权衡，都要求要符合道德观，每件事情都要求尽职尽责。而且从小到大，他应该也没有做过有愧的事情。我非常热切地想了解他，而且也非常信任他。

　　神学的自然力部分、用赎罪的方式来拯救灵魂的教义及其他有关的各种学说引起了我和伙伴们的怀疑。后来我读到了《物种的起源》《人类的遗传》《综合哲学》《社会静态学》。这些学说令我豁然开朗，是达尔文和斯宾塞让我摆脱了宗教和神学。我也明白了人类是怎样获得有利的精神食粮的，也知道了人类发展的真理是什么。此后，"万物是不断进化的"就成为了我的座右铭。

　　也许造物主可以让人类和万物生灵都如天使一般无忧无虑地活着，即使造物主做不到让人类拥有抵制有害物质、汲取有益成分的本领，也会让人类不断地进步。就像其他国家的圣经一样，《新约》和《旧约》具有自身的价值，也就被保留了下来。它可以作为教导人们的工具，也可以作为对过去行为的记录。孔子教育我们要立足于当代，抛开外界的干扰，履行好自己的职责。我们要考虑和要做的事情都是现在所发生和存在的事情，而对于将来会发生的事情，我们现在没有必要提前为其烦心。

　　在浩瀚的宇宙中间，我就如同一个细小的尘埃。有一天我终于醒悟，原来"对上帝最高的尊敬就是为人类服务"，我不得不佩服富兰克林的智慧。但是我们仍然可以去追求那不朽的名声，当一个奇迹被创造出来之后，我们就有希望看到新的奇迹产生。

第二十六章　布莱恩和哈里森

很多人是因为从政而著名，有些人是因为经商而出名，或许有的人会因为擅长讲故事而出名，布莱恩先生就是其中的一位。他的故事有的诙谐，有的朴实，还有的尖锐，总之在任何场合下，他都会讲出恰当的故事。

在约克镇的演讲是布莱恩先生演讲生涯中相当振奋人心的一次。在演讲之前，他把自己的演讲稿给我读了一遍。在这次演讲中他想提到两个英语民族之间的关系，并且希望这两个民族可以保持和平友好的关系，希望两个民族"友谊长存"。我觉得"长存"并不能表达人们对和平的渴望，所以建议布莱恩先生换做"永存"，他非常赞同我的建议，并且在演讲中改为了"友谊永存"。布莱恩先生的这次演讲也赢得了听众的热烈掌声。

演讲结束之后，我们离开了约克镇。接着我们在一起度过了一个愉快的晚上，皎洁的月光洒在静静的水面上，我和布莱恩先生坐在轻摇的小船上，听着前方演奏着音乐。布莱恩跟格莱斯顿先生都喜欢朴素的音乐，并且非常欣赏贝多芬和其他大师的音乐，但是对于瓦格纳他却知之甚少。我们谈到了《快到来的甜蜜》这首曲子，布莱恩说这是他的最爱。他最后一次听到这曲动人的旋律是在加菲尔德总统的葬礼上，同样也是这个乐队演奏的。他是那么喜欢这首曲子，想要马上倾听，却又渴望这个动人的旋律永远飘荡在耳畔，于是他恳求乐师演奏这曲天籁之音。

布莱恩先生曾经告诉我，他在国会中见到的最成功的演讲家是德国人里特，他曾经是宾夕法尼亚州的州长。当时议院为内地引入新鲜用水拨款的事情吵得不可开交，有些人狭义地理解了宪法，认为联邦政府只有对沿海海港的管理权，就当大家为这件事情激烈地争吵时，从来没有发言而且已经没有统治权的德国人里特，慢慢地从座位上站了起来，会场顿时变得鸦雀无声，大家都想知道这个年长而又沉默的德国人会说什么。

"我不懂什么是宪法，但是我认为坚决不能出台不让用新鲜的水洗澡，而用盐水洗澡的规定。"里特的话音刚落，人群中就发出了此起彼伏的笑声，矛盾就在笑声中消失了，法案也随之通过了。

不断完善的宪法更加适合美国的发展。以前政府出很多的钱，却得不到想要的效果，现在政府出钱，陆军和海军派工程师，很快就取得了想要得到的结果。

如果询问布莱恩先生最喜欢哪个故事，那么我想应该是这一个：

在俄亥俄州河畔有一位法官，他是著名的民主党人，他反对奴隶制度，而且决定把自己的办公室提供给从河对面逃过来的奴隶们。那样这些奴隶就可以把这里当做他们从地铁逃到北方去的中转站。但是他对奴隶逃跑的原因却感到迷惑，于是他问那些奴隶们为什么要从肯塔基逃出来。法官问："是你们的主人太坏，还是你们的工作太辛苦啊？"奴隶回答说他们的主人是一个非常仁慈、善良的人，而且他们的工作也并不劳累。法官又问："那么是你们吃不饱还是没有衣服穿亦或是住的地方不好呢？"奴隶回答说，他们有足够的食物可以吃，而且有好看的衣服，平时住在漂亮的小屋里。这都不是他们逃跑的原因。

法官说："既然你们吃得饱穿得暖、工作轻松、还住着舒适的房子，而且有一个善良仁慈的主人，那么你们为什么还要选择逃跑呢？"

奴隶反问道："我们是过着舒适的生活，如果换做是您，您会选择这种没有人身自由的生活吗？"

这位法官终于明白了，无论多么安逸的生活，无论多么善良的主人，如果人不能拥有自由，所有的一切都是幻影。这些奴隶们想要的并不是锦衣玉食，而是自己可以支配的自由。他们逃跑就是为了获得人身自由和美国的公民权。

在克鲁尼的日子，可能是布莱恩先生最快乐的一段时光，在那段时间里，我们就像孩子一样嬉闹、欢笑，后来我带他去了拉甘湾，在那里我教会了他钓鱼，布莱恩先生非常具有学习能力，一会儿工夫就能很好地把掌握钓鱼技术了。学会钓鱼之后布莱恩先生非常高兴，他告诉我以后每次度假都会来这里钓鲑鱼。

六月的克鲁尼没有夜晚，我们就在草地上忘情地跳舞，仿佛忘记了时间。布莱恩夫人、道奇小姐、布莱恩先生和其他的客人，都开始学习苏格兰舞，他们在草地上留下快乐的舞步，而且还像苏格兰高地的人一样喊叫。在克鲁尼的两个星期里，我们得到的除了欢乐，就是欢乐。

后来我们搬到了纽约，有一次在我家举行了一次晚会，这次晚会主要请的都是克鲁尼的客人，布莱恩先生说在克鲁尼真正的假日应该是把生命中的小事变成最重要的事。

1888年我们开始了从伦敦出发到克鲁尼城堡的旅行，布莱恩夫妇、玛格丽特·布莱恩小姐、黑尔议员及夫人、道奇小姐、沃尔特·达姆罗施跟我们同坐一趟车。这时候哈里森的总统职务传到了布莱恩先生。从爱丁堡出发将要到达林利斯戈时，我们受到了市长和地方长官的热情接待。后来布莱恩先生拿着芝加哥议会的议员艾肯斯发来的一封电报进来了，他问我电报上写的"要用密码"是什么意思。

布莱恩先生曾经发电报表示拒绝接替总统职位，但如果俄亥俄州的州长谢尔曼也表示同意，他会考虑的。艾肯斯议员在我们出发之前见了我一次，告诉我布莱恩先生是非常有希望的，他希望可以与布莱恩先生保持联系，并建议莱恩先生应该有一个密码。当时我给了这个议员一串数字，并且记在了一张纸上，写完之后就放在了我的钱夹里，我很快就找到了这张纸片，哈里森是"王牌"、新泽西的菲尔普斯是

"明星"，而布莱恩是"胜利者"，于是晚上我在发电报的时候，写了"王牌"和"明星"。

第二天一大早我们被眼前的一切吓了一跳，整个党派的人员都身穿制服，遍布在通往我们住的宫殿的主要路段等待着接受检阅。彩旗在四处飘扬，当地的官员为布莱恩安排了欢迎仪式，而布莱恩也做了相对简短的发言。就当这一切还未结束的时候，布莱恩又收到了一封电报。上面的内容是："哈里森和莫顿提名。"菲尔普斯已经被淘汰了，就这样布莱恩失去了一次执掌整个国家大权的机会。但布莱恩并不是每次都这么倒霉，他有一次还凭借自己的实力当选为纽约州的长官。

布莱恩是哈里森的内阁成员，他曾经成功地主持了泛美大会，这是他伟大的功绩。在这次大会中，我得到了唯一一个政治职务——泛美大会美国代表团代表。在这次大会上我看到了南美共和国的现状，也发现了他们存在各种各样的问题。当时我们跟巴西以外的所有共和国代表进行了会谈。在泛美大会召开期间，巴西成为了17个姊妹成员国中的一员。所有巴西代表们都为能够加入这个新的组织而欢呼，他们并没有意识到其他南美代表对他们的疑惑态度。当时我们觉得已经取得了成功，但我们的政府应该如何跟这些南方的邻居们相处呢？应该是和平、合作而不是控制。

当时我与后来成为了阿根廷总统的曼纽尔·金塔纳坐在一起，他对这次会议的任何一件事情都充满兴趣。有一天，他因为一个非常小的问题与大会主席布莱恩先生发生了争吵。我觉得这并不是两个人立场的问题，而应该是两种语言之间的差距造成的，于是我走到大会主席的后面，小声地跟他说我觉得翻译上有问题，所以建议暂时休会来更正翻译上的错误。大会主席宣布进入休会阶段，没过多久一切问题都解决了，会议很顺利地结束了。会议结束以后，我低着头正从自己的座位上往外走，这个时候有个代表把他的胳膊搭在了我的身上，然后用另一只手拍拍我的胸脯，再用手指我的钱袋，一边笑着对我说：

"您这里的东西，比这里的东西多多了。我喜欢南方的天气，更喜欢那里的人，他们都有一颗善良的心。"

1891年，我邀请哈里森总统来参加我为阿尔勒格尼修建的卡耐基礼堂和图书馆的揭幕仪式。于是我们一起从华盛顿来到了匹兹堡，白天的时候我们乘着火车在巴尔的摩和俄亥俄州的每个景点都看了一遍。哈里森总统对这里的一切都非常感兴趣，特别喜欢那沿途的风景。晚上的时候我们到达了遍地是燃烧的炭炉和空中遍布浓烟火光的匹兹堡。当时从山顶上看到匹兹堡的这一景象时，总统做了一个很经典的描述——"就像烧开的水壶"。他的祖父当选总统之后，也曾从这里换船去华盛顿，但第一个真正参观匹兹堡的总统还应该是他。

因为有总统的出席，所以我们搞了一个非常隆重的揭幕仪式，一切都像我们所想的那样顺利结束了。第二天早上哈里森总统告诉我，他想参观我们的钢铁厂，我非常高兴地答应了。总统受到了我们钢铁工人的热烈欢迎，我也把每一个部门经理都介绍给他认识，最后我为他引荐了施瓦布先生。认识了所有的部门经理之后，总统惊奇地问我为什么只介绍一些孩子让他认识。我说他们虽然还是孩子，但是这些孩子并不是普通的孩子。总统说："是的，他们都是你的得力干将。"

总统说的没错，这些孩子都是难以寻觅的人才，他们都拥有公司的股份，而且根本不需要承担任何风险。要知道得到公司分红和领取固定工资是不一样的。

参观完匹兹堡之后，总统还视察了河对面的阿尔勒格尼。为阿尔勒格尼捐赠图书馆和会堂并不是我的初衷，我开始的时候打算把它们建在匹兹堡，因为我从匹兹堡得到了太多财富。但那时匹兹堡的议员们拒绝了我的好意，所以阿尔勒格尼请求我把图书馆和公堂建在他们那里的时候我欣然同意了。后来，听说总统亲临阿尔勒格尼图书馆和会堂的揭幕仪式时，匹兹堡的人非常后悔。在我所捐赠的图书馆开放的第二天，匹兹堡的重要人物就找到我，希望我可以重新为匹兹堡捐助，而且如果我能够捐助的话，匹兹堡将拿出更多的钱来维护这些公共设施。我非常高兴地答应了他的要求，并且决定捐赠 100 万美元，这是原先捐赠数额的 4 倍。此后，我建立了卡耐基基金会，开始了对匹兹堡的捐献活动。

生活在匹兹堡的人整天都可以自由地享受艺术，这儿不仅有博物馆和美术学校，而且也有自己固定的管弦乐队，当时除了匹兹堡，美国只有波士顿和芝加哥拥有这样的乐队。我对匹兹堡最得意的捐助是图书馆、艺廊、博物馆和音乐厅，这也是我一生中最得意的捐助。因为这里是我创业和发展的地方，我非常热爱烟雾缭绕下的匹兹堡，而且至今仍然深爱着这个古老的城市。

赫伯特·斯宾塞来匹兹堡看望我们时，在谈话中无意听到我第一次为匹兹堡捐赠被拒绝的事情。我决定对匹兹堡第二次进行捐助时，斯宾塞给我写了封信，他说匹兹堡并不值得我这样付出，如果他是我的话肯定不会改变自己的想法，也不会在遭到拒绝之后再为其捐助。我明白他的意思，也很理解他的想法，但是他并不知道匹兹堡对我的意义，而且我为匹兹堡捐助只是想要得到心理安慰，替他们做一些力所能及的事情，并且希望可以影响他们。于是我给斯宾塞先生回信说，我为匹兹堡捐助并不是为了得到别人的感激，也并不是贪图虚荣。我希望可以做一些对他们有利的事情。现在我看到了匹兹堡的成长——创办了教育协会，很好地履行了自己的职责。

第二十七章　华盛顿外交

在担任总统期间，哈里森表现出明显的好战倾向，这也许与他曾经当过兵有关。对于白令海和南美问题，他都支持采用武力解决。

加拿大长官索尔兹伯里勋爵就白令海的问题和布莱恩进行了批判，于是好战的哈里森总统决定放弃公判，采用极端的手段。好在他的身边有很多头脑冷静的人，才避免了战争的爆发。

当时美国与智利发生了很小的矛盾，哈里森总统没有耐性，再次决定对智利采取武力行动。当时智利的一些权威人士还非常轻率地发表了一些言论。这让哈里森总统的火气更大了。他坚决要采取武力，似乎没有人可以改变他的想法。我曾是首任泛美大会的代表，所以对南部姊妹成员国的代表们都非常了解，而且我们之间的关系也非常不错。我不能对这件事情袖手旁观，于是我去了华盛顿。

当我刚到华盛顿迈进肖勒姆宾馆时，密苏里州的亨德森参议长正好看到了我。亨德森参议长是我在议会中认识的一个朋友，他跟我打了招呼，说总统正想要见我。

于是我就穿过街道去见哈里森总统了。总统问我是什么时候来的，我说我刚到宾馆。接着他问我为什么要来这里，我说我想跟他谈一下。他提议我们两个人一起出去散步，边走边聊。

在微风的吹拂下，我们沐浴着落日的余辉。总统搭着我的胳膊，我们一起在华盛顿的街道上走了 1 个多小时。在这 1 个多小时的时间里，我们谈得非常顺利。他曾经任命我为泛美大会的代表，而且当时欢送南美洲的代表们离开时举行的阅兵仪式仍然浮现在我的眼前，他在阅兵仪式上的演讲也犹如在耳畔一般清晰。我记得当时是这么说的：我们并不是要显示我们的军力，我们的目的只是为了显示我们对代表们的诚意。作为共和国的老大哥，我们会以和平的方式解决任何一个问题，这是我们的责任。可是现在我发现他并没有像当初说的那样做，而是走上了一条完全相反的道路。我认为即使是再大的矛盾也不应该用武力解决，况且是与智利之间的一点隔阂。

哈里森总统说："你是一个纽约人，你的思维方式也跟纽约人一样，你只会关心你的生意和金钱，对于祖国的尊严和荣誉，你根本不会在乎。"

我说："总统先生您不能忘了，我是最大的钢铁制造商，战争会给我带来上百万的财产，所以战争对我来说是有利的。"

听到我的话，总统先生说："确实是这样的。"我继续说道，如果我要跟人打仗的话，肯定会选择一个身材跟我相仿的人。总统先生说我们的海员遭到了他们的进攻，已经有两个人失去了年轻的生命，这是对美国的侮辱，他感到非常气愤。我说我并不认为海员的死是对美国的侮辱，因为这些海员往往会在喝醉之后发生一些争吵，况且从名字上就可以看出死去的人并不是美国海员，而是外国人。我觉得已经得知镇上发生骚乱仍然允许海员们上岸是那个船长的责任，他理应被撤职。

当我们回到白宫门口的时候，天已经黑了，我们就在那里分别了，因为总统说他晚上已经约了人，并且邀请我明晚一起吃饭，继续谈论我们的话题。

第二天早上，我遇见了布莱恩先生，他当时是美国的国务卿。他跟我握了手，然后问我昨天为什么没有跟他们一起吃晚饭，当布莱恩夫人知道我也在时，非常希望能够跟我共进晚餐。

我说也许不见面是正确的，然后就跟布莱恩先生说了我与总统的对话。听完之后，他也认为我没有去是幸运的，否则总统会认为我们两个人已经私下里商量好了。

布莱恩跟西弗吉尼亚的埃尔金斯议员是挚友，而总统与埃尔金斯也是非常好的朋友。这时，埃尔金斯也来了，并且跟总统见了面，总统把我跟他的谈话全部跟埃尔金斯叙述了一遍。

埃尔金斯说他并不相信我会那么坦白地跟总统说话，他认为我应该是会有所保留的，但是总统说他并没有看出我有丝毫保留的迹象。

最终布莱恩先生的和平政策阻止了武力战争的发生。据我所知，这个被认为好斗的人不止一次地解决了美国与其他国家的纠纷，总是有办法强迫总统让步，从而有效地避免了战争的发生。

在晚宴上，我跟总统先生进行了友好的长谈，但是总是心不在焉。于是我鼓足勇气建议他休息一段时间，因为繁忙的公务让他总是无法放松。总统说，其实他也想出去走走，但是现在最高法院的布拉德利法官刚刚去世了，他必须找一个合适的人选。在没有找到合适的人之前，他没有理由离开白宫。我觉得匹兹堡的希拉斯先生非常合适，但是我不能推荐他，因为我们是非常好的朋友，但是我建议总统可以去调查一下。后来希拉斯被任命为最高法院的法官，并且得到了各地的支持。我相信总统已经认真地调查了希拉斯，并且真的认为他是合适的人选。因为我非常了解总统，他并不会因为某个人的推荐而冒然任命一个不合适的人。

对于白令海的问题，哈里森总统被索尔兹伯里勋爵的出尔反尔激怒了（开始的时候双方已经签订了协议，但没过多久索尔兹伯里勋爵就否认了这一协议），决定用武力解决这一问题。最初布莱恩先生也跟总统持有相同的意见，但是并不像总统那样坚持，于是我跟布莱恩单商议了一番，我说索尔兹伯里勋爵并不是故意要这么做的，他是迫不得已的，来自加拿大的巨大压力让他不得不放弃先前草率签订的协议，当然他们现在与纽芬兰也存在着矛盾，所以英国政府不能再使双方的矛盾继续加深，更何况索尔兹伯里已经尽了自己最大的努力。最终我成功地说服了布莱恩先生。

在解决白令海纠纷时，还发生了一些有意思的事情。有一天，加拿大的总理约翰·麦克唐纳阁下来到了华盛顿，希望布莱恩先生可以安排他跟总统见上一面，布莱恩先生答应去替他请示总统。

后来，布莱恩先生把这件事情告诉了我，很肯定地说总统是不会跟他们正式见面的，而且如果安排他们与纽约政界要人见面，肯定会引起华盛顿的不满。

在智利问题和白令海的问题上，布莱恩先生总是会保持冷静、智慧，而且主张和平。他是一位杰出的政治家，能够很好地以和平的方式处理国家之间的问题，同时也不会放松对其他国家的警惕。虽然法国在美国内战期间提供了很大的帮助，但是布莱恩先生在怀有感激之情的同时也不忘防范他们。

有一次，布莱恩先生与别人在一次晚宴上发生了舌战。当时有一个著名的政治家提到了《克莱顿—布尔沃条约》，他说读与这个条约有关的信件时，总是能够感觉到布莱恩先生对他的祖国的敌意。

布莱恩说："我对你们并没有什么敌意。身为国务卿，我必须要处理一些条约，但是每当我看到你们外交大臣呈上来的信件时，总是会写着你们国王陛下'希望'怎样怎样。而我给你们的信件上总会写上，我们的总统'冒昧恳求'。因此后来每当我收到写着你们国王陛下'希望'如何的信件时，我就会在回信上写我们总统'希望'如何。"

那个人问："那么说你更改了信件？"

布莱恩先生平静地说："我只是把'冒昧恳求'变成了'希望'，其他的内容并没有改变，如果你们把'希望'变成'冒昧恳求'，我也会像你们那样做的；但是如果你们不改，你们所收到的回信总会带有'希望'的字眼。"

有一次，布莱恩先生、约瑟夫·张伯伦先生和苏格兰钢铁公司的总裁查尔斯·特纳特爵士共进晚餐。在晚宴上张伯伦说："我非常高兴我的朋友卡耐基先生能获得今天的成就，而且他是个心地非常善良的人，但是我不明白美国每年为什么给他 100 万英镑，这是为了生产钢轨吗？"

布莱恩说："我们从前总是从你们那里进口钢轨，每吨要花费 90 美元，但是在我来到这里之前，卡耐基刚刚跟政府签了一份合同，合同上写着以每吨 30 美元的价格卖给我们。如果卡耐基先生不在我们国家兴办钢轨厂，我们还必须花费现在价格的三倍来购买你们的产品。"听到这里，查尔斯说："90 美元是我们商定的出口价。"

于是布莱恩先生说张伯伦先生不应该对这件事情有看法。张伯伦先生说既然查尔斯都这样出卖他，他也不能不有看法了。他们的对话，让在场的所有人都大笑起来。

布莱恩从来不会让别人找出他演讲的一个错字，他总是那么认真。反应灵活也是他的一大特点，即使是最挑剔的听众，也不能让他示弱。他力主和平，造就了一位稳重的总统；他不甘示弱，成就了一个拥有尊严的国家。

第二十八章　约翰·海和麦金利总统

我们在苏格兰和英格兰时，约翰·海经常会到我家来做客。1898年，当他准备去斯基伯看我们的时候，麦金利总统决定让他担任国务卿，把他召了回去。约翰·海是一个自信、真诚、热情的人，同时他非常热爱和平，在他眼中"人类最凶残最愚蠢的东西"不是别的，就是战争。

美国一直都坚持把自己的领土保持在北美以内，并不断地避免强占不接壤的国家，更不会被军国主义影响。有一次在去纽约的路上，我碰到了约翰·海和亨利·怀特，那个时候全国人民非常关注美国攻占菲律宾的问题，我们也讨论了这个问题，让我高兴的是大家对这个问题都持有同样的观点：这件事严重违背美国的传统政策。

约翰·海曾经就这件事给我写过便条：

1898年8月22日于伦敦

亲爱的卡耐基：

非常感谢你的善意来信和对我发的牢骚，在上个星期有多人跟你一样对我说了同样的话，在读到这些信时，我感觉不像我说的那样，但是我又必须正视这个问题。我希望我可以在离职之前保持好爱、善良的形象。

你在《北美》上发表的文章我已经读过了，当时我并不认同你的观点。我只关心一个问题，那就是我们应该从菲律宾撤离多远呢？我非常庆幸这个困难的问题并没有落到我的头上。

但是事情往往与你想象的不一样，命运弄人，最终这个棘手的问题落到了约翰·海的身上。最终他们也同意了我的观点。

对于"拳师号"的问题，很多人都没有表现出对中国的友好，而约翰·海却是第一个对中国表现出友好的人，同时也保全了国家的和平条约。他始终把英国看做自己民族的一部分，他对英国怀有真挚的感情，这与美国总统的观点是一样的。因为在古巴战争中，英国站在了美国这一边，坚决反对倾向于西班牙的其他欧洲国家。

《海—庞斯福特条约》是关于巴拿马运河的条约，这个条约签署以后，遭到了我们很多人的反对。我还在《纽约论坛》上发表了对这个条约的异议，后来埃尔金斯议员看到了我的文章，表示支持我的观点说本来他也有这种想法。

文章发表之后，我去了华盛顿，当我去见总统的时候，发现他们正为参议院修订条款的事情担忧。这个计划的投资方是美国，而英国是除了美国之外受益最大的国家，所以我认为无论条约如何改动，英国都不会有任何异议。于是我把这一想法告诉了总统。

跟我一起去白宫的汉纳议员问我是否已经见过了约翰（他和麦金利总统总会这样称呼海先生），我说没有。他建议我去看一下，因为这时候的约翰·海正在为修改条约的事情而苦恼。见到海先生以后，我告诉他《克莱顿—布尔沃条约》也被参议院修订了，并且根本没有人知道，甚至是关心这件事。《海—庞斯福特条约》也会按照修订后的条约来实行，同样也没有人会在意这个问题，也不会在乎原来的内容是怎样的，英国也不会对此有任何异议。但是海仍然不能完全相信我。后来事实证明我是正确的，海先生夸我有先见之明。

英国肯定不会反对，因为他们非常盼望运河的建成，并且为此可以作出让步。当然，现在这条河完全属于美国所有，任何国家都无权干涉。虽然修建这条河有可能不是最明智的选择，但是与其把钱花费在建造军舰上，还不如花费三四亿来修建一条运河，因为运河是造福于人类的，而军舰只能给人类带来破坏。

最后一次见约翰·海是在他家吃午餐时，那个时候罗斯福总统正在审批参议院修订的仲裁条约。约翰·海非常看重这个条约，丝毫都没有退让的意思。如果罗斯福总统批准这个条约，那么这将会给海带来极大的打击。虽然仲裁员们极力建议总统通过这个条约，但是却迟迟没有得到答案。如果说罗斯福总统是为了安慰这个患病的朋友而不批准这个条约，我一点也不会感到意外，因为海先生值得我们为他做出这一切。他有一颗善良而又为别人着想的心，任何人在这个时候都不会去伤害他。在约翰·海家里吃过午餐之后，我有一种永别的不祥的预感，回到家之后，我把这种感觉告诉了我的妻子，事实证明我的预感是正确的。

海的一生富有传奇色彩，他在极短的时间里让自己在政界大放异彩；他是一个非常有人格魅力的人，身为政客却有无数的亲密朋友；他是一个甘愿付出的人，他担任了华盛顿卡耐基协会主席兼理事，并且作出突出贡献。海的离开就像太阳被遮住了光芒一样，我觉得阳光照耀下的一切都失去了原来鲜亮的颜色。他曾经写信对我的文采大加赞美，对此我非常感激，至今也完好地保留着那封信。

古巴革命恐怖主义的谣言导致了美西战争的爆发。当时麦金利总统竭尽全力避免这场战争的爆发。在华盛顿谈判的西班牙大使离开以后，法国大使就以西班牙代表的身份跟美国谈判。谈判进行得非常顺利地进行着，西班牙提出让古巴享有自治权，总统说他希望"自治"的含义是拥有像加拿大那样的权利，可以自己处理任何事情。后来法国大使拿出了一份电报，电报上的内容是西班牙已经同意了他提出的条件，我们的总统以为这样事情就和平解决了，但是情况并不是想象中的那么简单。

发言人里德跟我保持着良好的关系，当我在纽约的时候，他每个周日都会来看我。有一天，我刚回到纽约就接到了他的电话，他告诉我他将要离开，因为现在议院中谁都不相信法国大使曾经对总统作出的承诺—西班牙已经同意古巴自治，而且这种局势愈演愈烈，他已经不能控制了，不久他就会发表辞职演说。

在"西班牙又在故伎重演"的质疑声中，国会中很多共和党人都支持发动战争。而且这种呼声就像一股强劲的旋风一般在议院刮起，越来越多的人站在了同意战争的立场上。而且很多人相信是西班牙人炸毁了哈瓦那港的"缅因州"军舰，这让他们更加坚定了战争的必要性。

麦金利总统和他的和平政策在此时显得是那么无力。参议院代表对亲眼看到的集中营场面的描述更是让议院震惊。在这种强烈的呼声下，美国政府同意发动战争，但是战争的目的是为了实现古巴的独立，而不是为了自己领土的扩张。明确了这一目的之后，美西战争就不具有侵略性质了。

但是战争并不总像美西战争一样有一个闪光的地方，有时会变成国家的一个污点，对菲律宾的侵占就是一个例子。这次战争霸占了别国的领土，还损失了 2000 万美元。攻占西班牙的时候，菲律宾已经跟我们建立了同盟关系。经过总统同意，据说也是巴黎和平委员们最终达成的一致意见，内阁只能在菲律宾境内建造一家装煤站。那个时候麦金利总统正在西部，他的旅行还没有结束，而且每当他说起国旗和杜威的胜利时，总能在人群中引发一阵阵欢呼声。

总统回来之后，就一直对撤退感到不满。他认为这将会引发大家的不满，甚至会变成战争的导火索。于是他突然就改变了和平的政策。他突然转变的态度使很多人不满，很多人都写了抗议信，只是没有发表而已。有位议员告诉我，一个和平委员会的成员——戴法官在巴黎也写了抗议信，写得非常好，如果刊登出来，肯定可以与华盛顿的告别演讲相媲美。

就在这个矛盾突显的时刻，我收到了一封来自科尼利厄斯·N.布利斯的电报，他是内阁成员，也是我的朋友。他发来电报的主要目的是希望我能够去华盛顿，因为现在谁都无法改变总统的主意，如果我去的话，也许还有一线希望。

收到电报以后，我马上去了华盛顿，并见了总统，但是那时候他仍然非常固执，他认为撤退必将在国内引起一场战争。他根本就听不进去我的意见，我的劝说在此时显得那样苍白无力。于是我劝服各位部长们，让他们相信，这只是暂时占领，不久之后肯定能想出一个万全之策。在我的劝说之下，内阁作出了退让。

科尔内大学的校长极力反对美国的政策，而且塔夫脱法官也表示反对。但是麦金利总统却任命舒尔曼校长为委员会主席，并派他出访菲律宾。塔夫脱法官公开指责并质问总统为什么会选择派一个反对派的人去出访。总统的回答是这正是他选择派舒尔曼校长的理由。也许这并不是什么坏事情，但是事实很快就向我们证明停止攻占与放弃曾经购买的土地，是截然不同的两件事情。

后来议院与西班牙签署了一项和平条约，这项和平条约的签署意味着美国要向西班牙支付 2000 万美元。当时布莱恩先生有能力阻止这项和平条约的签署，但是他却没有这么做。当我去华盛顿的时候，有人告诉我布莱恩非常支持这个和平条约，因为一旦签署，就意味着共和党的面子会被损伤，而他们的党派就会从中获益。听到这件事后，我简直不能相信自己的耳朵，一个出色的政治家，怎么可以为了挫败其他党派，而使国家利益受损呢？但是布莱恩的同伴当中仍有 7 个人反对占领菲律宾。

因为我曾明确表示反对购买领土，所以我在纽约的时候接到了布莱恩的电话，他在电话中专门跟我讨论了这件事情。后来我在奥马哈也曾给他发过电报，恳求他让朋友们按照自己的意愿来作出选择。他的一句话就可以解救国家，但是他并没有这么做，他给我的理由跟别人所传的是一样的，签署这个和平条约对他们党派非常有利。我开始并不认为布莱恩先生真的能够做出这种事情，因为那样会引发党派之争果。但是他真的这么做了，为了自己党派的利益而不顾国家和人民的利益。我非常不赞同他的这种行为，所以后来的很多年我都对他没有什么好的印象。

我认为这次投票的结果很大一部分都是布莱恩先生的功劳，所以投票结束以后我拜访了麦金利总统，并且建议他去感谢一下布莱恩，因为是他的努力和坚持让他获得了成功，让美国占有了菲律宾。大部分的美国政治家，包括总统在内都不知道占有一个几千里之外的殖民地意味着什么。他们根本不懂其中的艰辛。但是这也让美国犯了一个非常大的错误，不可避免地卷入了军国主义的漩涡中，这一切都是美国人民不想看到的，而且这也是完全可以避免的，但是就因为一些政治家的一念之差，事情就发生了改变。

1907年我跟罗斯福总统和塔夫脱部长在白宫共进晚餐，当时我们谈到了菲律宾问题。罗斯福总统激动地说，在美国有两个人最不想面对菲律宾问题，那就是他和塔夫脱部长。我说："既然这样，当初您怎么没有坚决反对侵占菲律宾呢，如果那样做，我们会很高兴的。"

总统和塔夫脱法官都认为他们需要为实现菲律宾的自治作准备，在没有"学会游泳"之前，不会选择"下水"，但是，总有一天是需要"下水"的。

很多人坚持占领菲律宾，因为他们认为就算美国不占领，德国也会抢占这个地方。但是他们并没有想到，英国已经允许德国把海军驻扎在澳门。也许不久之后德国提出在金斯顿、爱尔兰建立基地的时候，英国也不会提出反对意见。

有些事情真的让人意想不到，就如极力反对占领菲律宾的塔夫脱法官，当被问及下一步的计划时，他的回答竟然是这样的：我们并不了解外交，但是到目前为止，美国是完整的，如果有一天它分裂了，那将是非常不幸的一件事情。

第二十九章　会见德国皇帝

　　一个人对另外一个人的好感有可能是一件极小的事情引起的。我在圣·安德鲁斯大学的第一篇院长致词引起了德国皇帝的关注，他非常喜欢我的演讲，并且让巴林先生告诉我，他已经把我的演讲稿又读了一遍，此外还给我寄来了他在长子献祭仪式上的演讲稿的副本。

　　后来他又向我发出了邀请，希望我能够出访德国。当时我也非常想见到他，但是手头的事情已经让我忙得焦头烂额，实在没有办法挤出多余的时间去德国。1907 年 6 月我终于有了充足的时间，于是跟妻子一起去了基尔，在那里受到了驻德大使塔尔先生和他夫人的热情接待。我们在那里度过了三天愉快的时光，并且通过他们的介绍，我们认识了许多德国有名的人物。

　　刚到基尔的第一天上午，塔尔先生决定带我们去乘坐皇家游艇，于是一大早我们就驾着游艇出游了，但是让我们没有想到的是在那里我们竟然遇到了皇帝。当他看到塔尔先生时，就好奇地问他，为什么这么早就驾艇出游，当他得知我已经到了德国之后，非常兴奋，当即决定要见我。

　　我当时正在跟一群海军上校聊天，我们聊得非常开心，他们告诉我马上会有一次会议，正在为这次会议作准备。正当我们聊得热火朝天的时候，塔尔和皇帝朝我们走了过来，这是我没有想到的事情。突然有人轻轻地拍了一下我的肩膀，然后跟我说皇帝陛下来了。我马上转过身去，就看到一个人出现在了我的面前。我没有反应过来，皇帝已经张开了双手，大声地说道，这就是他想要见到的场面，在没有任何仪式的情况下，天之骄子从天而降。于是我说："尊敬的陛下，我收到了您的邀请，并且花费了两天两夜的时间才赶了过来，您是我见的第一位头戴皇冠的皇帝陛下，以前我从没有这么做过。"

听到我的话，他笑了起来，那笑容看起来非常迷人。他说："您说的没错，我读过您的许多书，我也知道您并不喜欢皇帝。"

我说："是的，陛下，我并不喜欢皇帝，但是如果我发现皇帝的头衔下面是一个真正的人时，我会改变我的想法而去喜欢那个人的。"

他说他知道我肯定会喜欢一位皇帝，那就是他年轻时候的英雄和偶像——苏格兰国王罗伯特·布鲁斯。

我告诉他罗伯特·布鲁斯就埋葬在我的故乡——丹弗姆林大教堂，还有一座高耸的纪念碑，它总是让我感到敬畏，我经常会去瞻仰它。但是我认为布鲁斯不仅仅是一位国王，更重要的是他还是一个人民领袖。他并不是第一个人民领袖，华莱士才是第一个。我告诉皇帝，丹弗姆林的马尔科姆国王塔的主人现在是我。我知道皇帝的苏格兰血统也是从那里来的，所以希望他有时间的时候可以去参观一下马尔科姆国王塔。我问他是否听过那支古老的歌谣——《帕特里克·斯彭斯先生》：

"国王坐在丹弗姆林塔上，
　喝着血红色的葡萄酒。"

所以我再一次邀请他去看一看他的苏格兰祖先建立的塔，也许他会对国王的惊人记忆力感到不可思议。他说："那太棒了，德国人反应太迟钝，苏格兰人总是比德国人反应灵敏。"我说我并不能接受他对苏格兰的看法。

短暂的交谈之后，我们挥手告别了对方。他告诉我晚上将会宴请刚刚到来的海军上校，希望我能够一起参加。

当天参加晚宴的人大概有 60 个，我跟皇帝陛下面对面坐着，比洛王子坐在我的旁边，塔尔先生坐在皇帝的右边。我们都非常高兴，皇帝陛下友好地跟我和塔尔先生共同举杯。他问我有没有告诉比洛王子我的家乡是丹弗姆林，而他的偶像布鲁斯就在那里长眠；是否告诉比洛王子坐在他旁边的人是皮坦克里夫峡谷的主人，而那里有他的祖先的塔。

我回答说："陛下，虽然跟您的谈话有点随意，但是我敢保证我与贵国的交往是严肃、认真的，并不是轻率的。"

有一天晚上，我们跟皇帝陛下在格莱特夫人的游艇上畅饮，我跟陛下说罗斯福总统最近希望可以有机会拜访他，如果能见面，肯定会解决一些实质性的问题。皇帝陛下说他也很希望罗斯福先生来德国，希望能够有机会见一面。

我趁机告诉他，他并不受宪法的约束，所以可以来美国看望总统。皇帝陛下带着一脸的犹豫说："但是我的国家需要我，现在我不能离开它。"我说："我记得有一年夏天，我非常希望可以去避暑，所以决定离开美国，把工厂的一切都交给了我的手下，在离开的时候我向他们表达了我的歉意，我跟他们说让他们饱受烈日的煎熬而我却要离开，真的是太抱歉了。其实不管有多忙，我都会抽出时间去度假，就算是站在船头静静地品味大海的广袤，也是一件非常高兴的事情。海浪拍打水面的声音是那么悦耳，这一切对我来说都是享受。"当时我的一个经理说的话，让我坚定了出行的想法。他说：'先生，这样我们也得到了放松。'如果陛下离开一段时间，说不定您的人民也会很赞同呢。"

听完我的话后，皇帝陛下大笑，他说我的这番言论让他改变了原先的想法，也许去一趟美国并不是什么会引起人民不满的事情，而且跟罗斯福总统见面也是他梦寐以求的事情。后来他再三表示了他想要见罗斯福总统的意愿。

我说："陛下，如果您来美国，您极有可能会跟罗斯福总统发生摩擦，如果是这样，我肯定会站在您这一边的。"

皇帝陛下笑着说："我明白了，您的意思是让我们各自骑一匹马，好的，只要您能让罗斯福总统上马，那么我肯定也能做到的。"

我说："亲爱的陛下，我并不希望为你们一前一后地赶马，因为我根本没有这样的技术，所以，我会让你们并驾齐驱，这样我就能够更好地保护你们了。"

虽然我以前碰到过许多喜欢听故事的人，但是我眼前的这位皇帝是我迄今为止见到的最喜欢听故事的人。而且他跟我一样也是主张和平的人，是一个值得做朋友的人。他非常渴望世界和平，在他统治德国的24年里，没有发生过一次流血事件，这足以证明他对和平的追求和渴望。而且他非常谦虚，一直认为德国的海军实力非常薄弱，根本不能对抗英国，也不会对英国造成威胁。后来我也跟比洛王子聊过，从他的口中我也并没有听出半点倾向战争的观点。所以我断定，德国的目标是实现和平、发展经济、增强综合国力，将来德国并不会影响世界的和平。

在德国的时候，我请德国大使施坦贝格男爵替我把《罗斯福政策》送给了德国皇帝，这本书的序是我写的，而且罗斯福总统也非常满意。后来德国皇帝在我临走之前送给我一个他本人的精美铜像和一封信，这让我非常激动，我没有想到德国皇帝是一个这么细致的人。他一向主张改善现状、禁止决斗、提倡戒酒，所以他是一位热爱和平的皇帝，也是一位伟大的人物。

跟皇帝的见面更加坚定了我先前的想法——皇帝就是天子。我认为我见到的这位皇帝将来肯定能够做出一番惊天动地的大事情。他的和平政策已经使德国平稳地度过了27个安定年头，他不仅守卫着德国的和平，而且还守卫着世界的和平，是一个世界和平的使者，他经常会受邀对国际间的事情进行公断。

1912年，我站在柏林宏伟的皇宫前面，向皇帝呈送了一个匣子，这个匣子里不仅装满了他的演讲稿,而且还写满了对他 25 年里为实现和平付出的努力的赞扬,也许这是对他表达崇敬之情最好的方式。

站在我面前的皇帝陛下向我张开双臂,大声地说:"卡耐基,25 年了,我希望可以更长。"

我说在维护和平的这项伟大事业中,我们是同盟者,有着共同的目标。

到现在为止,我知道皇帝陛下的和平政策也并没有什么改变,他只是静静地观察整个世界的局势。倘若皇帝的身边没有军人团体,那么他肯定更愿意去维护世界的和平。但是阶级身份的限制有时候会让这个世袭皇帝做出一些并不情愿的举动。也许只要军国主义存在一天,和平就不能真正地靠近我们;只要军国主义的气息还在,整个世界就会弥漫着硝烟。

当我又读到这里的时候,我的心里非常难过,我觉得所有的事情都变了,跟我想象的完全不同。战争给整个人类带来了毁灭性的打击,我再也不会有什么奢望。我觉得以前对和平的渴望都成了虚无缥缈的幻想。

现在又有一位伟人登上了美国总统的宝座,掌握了整个国家的统治权,他就是美国现任总统威尔逊,曾经在巴拿马河通行税的争端上为本国利益申辩的人,他总是不屈不挠地追求着真理。

"皇帝可以变成神,平民也可以成为王。"

没有什么力量可以阻挡伟人的步伐,也没有什么力量会改变伟人心中的真理。我们能做的就是拭目以待,看看这位有着苏格兰血统的人会给我们带来什么样的惊喜,我坚信惊喜会产生。

(手稿写到这里中断)